문자학

문자학

초판 1쇄 찍은 날 · 2008년 10월 13일 | **초판 1쇄 펴낸 날** · 2008년 10월 20일
지은이 · 김세한 | **펴낸이** · 김승태
등록번호 · 제2-1349호(1992. 3. 31.) | **펴낸 곳** · 예영커뮤니케이션
주소 · (136-825) 서울 성북구 성북1동 179-56 | **홈페이지** www.jeyoung.com
출판사업부 · T. (02)766-8931 F. (02)766-8934 e-mail: edit1@jeyoung.com
출판유통사업부 · T. (02)766-7912 F. (02)766-8934 e-mail: sales@jeyoung.com
제작 예영 B&P · T. (02)2249-2506~7

값 9,000원

문자학

김세한 지음

예영커뮤니케이션

책을 내면서

나라사랑, 한글사랑을 역사적 과업으로 여기시며 몸과 마음을 바쳐 일평생을 살아오신 아버지의 살아생전 원고를 늦게나마 정리하여 한 권의 책자로 남기게 되니 가슴 뭉클한 감동이 앞섭니다.

꺾일지언정 결코 휘지 않는 강직한 성격과 본인을 세상에 드러내기 거부하는 지극한 겸손함이 이제와 자식들 눈에는 힘들게 한평생을 사실 수밖에 없었던 충분한 이유가 된 것 같아 가슴 한 편이 시리도록 아파 옵니다. 평상시 말씀이 없으신 가운데 눈가의 깊은 주름으로 자리한 선한 미소는 세상사 모두를 다 경험하여 지나온 긴 터널 끝에서 지을 수 있는 그런 모습인 것을 이제야 깨닫게 됩니다.

저서로는 20여 권의 역사책을 비롯하여 평소 존경하시던 '한서 남궁억' 선생님의 전기와 '주시경' 선생님의 전기문이 있습니다.

평생을 교육사업에 몸담아 오신 교육자로서 마지막 남기신 이『문자학』은 이 시대의 젊은이들을 향해 한글의 위대성을 새롭게 알리고, 지구상의 글자, 즉 문자의 원천이 자연에서 온 이치요, 지혜의 소산임을 다시 한 번 일깨워 주는 소중한 교육 자료가 될 것입니다.

남겨두신 다 닳은 소중한 원고를 뒤늦게, 아니 아주 늦게 이제야 찾아 한 권의 책으로 펼쳐내게 됨을 송구스럽게 생각합니다.

이를 위해 적극적으로 도움을 주신 예영 커뮤니케이션에게도 깊은 감사를 드립니다.

세월은 흘렀어도 역사는 남아 있듯이 아버지는 하늘나라에 가시고 이 곳에 안 계셔도 『문자학』은 오래오래 남아 한글의 우수성을 세계에 자랑할 수 있는 자료가 되기를 원하며 문자가 있어 미래가 밝은 것을 감사하는 우리가 되기를 바라는 마음입니다.

2006년 12월 어느 날
셋째 딸 김 장미

머리말

이『문자학(文字學)』은 중학교 학생이면 읽고 알 수 있도록 쉬운 말로 적었다. 우리나라에 아직 글자가 없을 때 신라(新羅)시대의 우리 조상들은 중국의 한자(漢字) 문화권에서 벗어나고자 향찰(鄕札)과 이토(吏吐)를 창작해 냈으나 실용화되지 못하다가 조선조(朝鮮朝)에 이르러 세종(世宗)대왕이 한글(正音)을 창제하여 비로소 글자를 가진 나라가 되었다.

조선조 때에는 혹자(或者)는 말하기를 중국의 글자는 진서(眞書)라 하고 한글은 언문(諺文)이니 암클이니 하여 업신여겼다. 그러나 독일의 학자 에카르르와 일본의 학자 가네사와는 극구(極口) 높이 평가하였다.

이집트의 시늉글자는 바빌로니아에 전해져 쐐기글자가 되었고 또 페니키아에 전해지고 또 히브리족에 전해지고 또 그리스에 전해져서 알파벳이라는 이름이 생겼고 라틴(로마)족에 전해져서 세계적인 글자가 되었다. 그러나 한자(漢字)는 원산지인 중국에서 네모귀신이라 하여 천대를 받고 있다.

그렇지만 한글은 저 이집트 사람도 생각지 못한 발음기관(입 안)과 삼재(三才)(하늘, 땅, 사람)의 원리(原理)를 가지고 알파벳보다 월등(越等)한 글자를 창제하였다. 실로 다시 한 번 조상들의 지혜를 높이 평가하지 않을 수 없다.

세계에서 가장 일찍 창제된 글자는 이집트의 낱말 그림글자였다. 또한 지구촌의 어느 곳이든 이집트의 글자문화의 바람이 세게 불고 있어, 우리 한국만 해도 문서(文書)와 현판(懸板)에까지 알파벳 글자가 나타나고 있으니 놀라운 일이다.

『문자학』에서 사용한 술어(術語)들은 새로 제정하였으며, 그림을 곁들인 것은 사람이 쓰기에 편리하도록 개혁(改革)된 것을 이해하기에 도움을 주고자 함이며, 『문자학』을 지은 것은 우리가 너무 글자에 대해 무심(無心)했기로 깨우침을 주고자 함에서이다.

부록(참고문)에 적혀 있는 책들은 1948년에 남대문 도서관에서 읽으면서 내 나름대로 어느 목표를 세우고 기록한 초고(草稿)를 근거로 한 〈눈으로 읽고 듣는 글자말 시대〉임을 말해 둔다.

끝으로 우리 한글(正音)이 단선화되고 나란히 쓰기로 되어 동양과 지구촌의 알파벳이 되도록 학자들의 분발을 촉구한다.

제5장 글자의 과학 _148

제1편
말의 본질

제1장
말의 발생과 개념

제1절 소리의 발생과 발달

문자학은 하나의 학문이다. 문자는 말을 적었으므로 읽으면 말이 된
다 해서 문자학과 언어학을 동일시(同一視)할 수 없다. 문자학은 어디
까지나 문자학이요, 언어학 또한 어디까지나 언어학이다. 그것은 발생
과 구조와 발달이 서로 다르기 때문이다. 문자학은 한마디로 말하면
글자의 과학이다.

1. 맨 첫 소리

나무의 열매를 따 먹고 바다의 조개를 캐던 옛사람은 사나운 짐승을
만나거나 가시덤불에 찔리거나 바위에 부딪칠 때 깜짝 놀라면서 '아'
소리를 질렀을 것이다. 그때는 자연히 급하게 입이 벌려지며 '아' 소리
가 나왔을 것이고, 또는 산모(産母)가 해산할 때 갓난아기의 맨 첫 울음
소리가 '아' 소리이다. 우리가 또한 생리적으로 입을 다물었다가 벌리

면서 기운을 내보내면 자연스럽게 '아' 소리가 나온다. 또는 하늘을 쳐다 볼 때 찬란한 별과 달빛은 자연히 '아' 소리를 내게 한다. 이렇게 생각해 보았을 때 사람의 말 이전의 소리 가운데 맨 첫소리가 '아' 소리임을 알 수 있다.

2. 맨 첫 글자

지구촌 각 나라의 첫 글자가 인류의 원시(原始) 때 맨 첫 소리 '아' 글자이다. 이렇게 첫 글자에 '아' 소리가 붙은 것은 '아' 소리는 어느 사람이고 가장 소리내기 쉬운 소리이기 때문에 자연한 이치이며 글자의 순위에 있어서도 '아' 글자가 맨 먼저이다.

그리스	α	알파(아)
영국	a	에이(아)
독일	a	아
프랑스	a	아
러시아	а	아
일본	ア	아
인디아	अ	아
몽고	a	아
한국	ㅏ	아

3. 말소리의 발달

인류의 생활은 말의 생활이라 하리만치 말이 필요하고 따라서 '글자 말(文字語)의 생활이 필요한 현대에 살고 있다.' 만약에 말이 없는 세계라면 그 얼마나 답답하고 적막하고 어두울 것인가? 사람은 말이 있으므로 삶의 힘이 있고 희망이 있으며, 글자가 있으므로 말이 발달되고 문화와 문명이 발달되며 보존되는 것이다.

(1) '아' 에서 파생된 말

원시 시대의 가족어 중에도 맨 먼저 발생된 말이 '아마, 아바, 아가' 따위일 것이다. 모두 '아' 소리에서 시작되었으며, '마, 바, 가' 소리가 붙어 파생(派生)된 것을 알 수 있다. 또는 친족어의 경우 '아지마, 아지바' 따위 말도 '아' 소리에서 시작되어 '지마, 지바' 소리가 붙어 파생된 것을 알 수 있다. 또는 성별(性別)의 경우 '마, 바' 가 붙어서 성별을 나타냈으니 여자의 경우 '마' 소리 계열의 '아마' , '아지마' 따위 '마' 를 찾아 볼 수 있으며, 남자의 경우 '바' 소리 계열의 '아바' , '아지바' 따위 '바' 를 찾아 볼 수 있다. 이렇게 보았을 때 애기들의 '맘마' 라는 말도 '아마' 에게서 받는 음식물이라 하여 '마' 소리 계열의 '마' 소리가 붙어 있다. 그리고 '먹으' 라는 말이 붙으며 '맘마 먹으' 라는 이은말이 비로소 자연스럽게 시작되었다고 본다. '먹으' 의 끝소리 '으' 가 붙은 것은 가장 쉽게 소리 낼 수 있는 소리가 '으' 소리인 까닭이다. 사람

은 게을러서 입을 지어서 벌리기 싫어하여 거의 다물고 소리를 내면
쉽게 '으' 소리가 나온다.

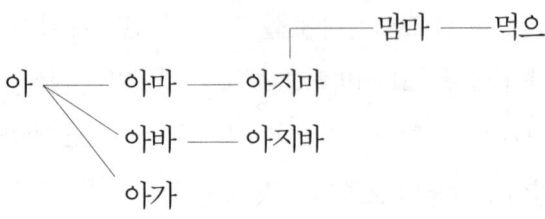

(2) 맨 첫 흉내말

인류의 말의 발생은 가장 가까운 환경에서부터 시작된다. 앞에서 말
했듯이 가족어, 친족어가 그것이다. 그러나 말 가운데 흉내말은 어느
말보다 먼저 발달되었을 것이다. 그것은 말이 창작되는 것보다 청각을
통해 얼른 쉽게 흉내 낼 수 있는 말이 더욱 편하고 쉽기 때문이다. '맘
마' 라는 말은 입에 무엇을 물고 우물거리며 소리를 내면 자연히 쉽게
나오는 소리를 흉내 낸 말이다. 또 아가들이 쓰는 '웅가' 라는 말도 똥
을 눌 때 자연히 쉽게 나오는 소리를 그대로 흉내 낸 말이다. 또 아가들
에게 '쉬이' 라는 말도 오줌을 눌 때 들리는 소리를 그대로 흉내 낸 말
이다. 이 같은 흉내말은 원시 시대의 말이다.

흉내말은 말의 변천에 따라 변하였다. '맘마' 라는 말은 '젖' 또는
'밥' 으로 변했고, '웅가' 라는 말은 '똥' 으로 변했고, '쉬이' 라는 말은
'오줌' 으로 변하였다.

여기서 말해두고자 하는 것은 요즘 말로써 '오줌'을 소변(小便)이니 '똥'을 대변(大便)이니 하여 한자말로 더러움을 면해 보려는 태도는 심히 그릇된 사고방식이다.

제2절 말의 개념과 성립

1. 소리와 말

국어학자 주시경(周時經)은 소리와 말을 구분하여 바람, 우레, 나무, 돌 따위의 소리는 무별성(無別聲)이라 하였고 동물의 소리는 유별성(有別聲)이라 하였다. 그 중에도 사람의 소리는 다른 동물이 갖지 못하는 말이 된다 하여 '유별성은 인류사회가 실용하는 소리다.' 하였다. 소리와 말이 서로 같으면서도 다르다. 소리는 소리요 말은 말이다. 오르간의 건반을 하나하나 누르면 소리가 길게 날 뿐이요 아무 뜻 없는 다만 소리일 뿐이지마는, 악보의 음표대로 누르면 뜻이 있는 노래, 곧 말이 된다. 이것이 소리와 말이 다른 점이다. 사람의 소리도 입을 열고 소리를 내면 소리가 길게 날 뿐이요, 그 소리는 아무 뜻이 없는 다만 소리일 뿐이다. 그러나 입의 발음 기관을 통해 그 동작에 따라서 소리를 내면 말이 된다. 이와 같이 소리와 말이 서로 다르다. 그러나 소리가 없으면 말이 있을 수 없고, 말이 없으면 소리가 있을 수 없으니, 소리와 말은 서로 뗄래야 뗄 수 없는 하나의 유기체(有機體)이다. 다시 말해서 소리가 곧 말이요, 말이 곧 소리이다. 사람은 이 소리를 소재(素材)로 하여 말을 만들고 글자를 만들어 감정과 사상을 소통하고 있으며, 지구촌의 모든 문화와 문명이 소리와 말의 매개(媒介)로 형성되었다.

2. 말의 개념

말 속에는 개념이 있어서 사람의 사상과 감정이 소통되며, 이 개념이 없다면 말하는 사람은 벙어리 같고 듣는 사람은 귀머거리나 다름이 없으며, 소리에서 머물고 그 개념이 전달되지 못할 것이다. 이처럼 개념은 소리와 함께 이루어진 것이며 곧 말의 뜻이 된다. 그 숱한 말들이 개념을 가지고 있으므로 귀로 듣고 눈으로 사물을 분별하게 되는 것이다. 그러나 개념이 다르면서 소리가 같은 말이 있으니 가령 '말'이라는 말에는

- 말 (사상과 감정을 나타내는 소리)
- 말 (사람이 타거나 짐을 싣는 짐승)
- 말 (곡식을 되는 그릇)
- 말 (물속에 나는 풀)
- 말 (윷놀이 할 때 쓰는 말)
- 말 (톱질할 때 받치는 나무)

따위 말들이 있다. 그러나 그 말의 대상물이 다르므로 개념이 분별되고, 또한 그 말의 설명에 따라 개념이 분별된다.

3. 개념의 성립

말의 개념이 성립되는 데는 그 말의 대상물이 있다. 이 대상물에는 두 가지가 있으니 그 하나는 보이는 대상물이 있고, 다른 하나는 안 보이는 대상물이 있다. 개념은 그 말의 대상물에 대한 체험 과정에서 기억되고 성립되는 것이며, 대상물은 곧 말에 대한 실제의 물체요, 추상체를 말하는 것이다. 만일 말의 대상물이 없으면 말이 존재할 수 없고 개념도 성립되지 못하는 것이다.

(1) 보이는 대상물

어린 아기를 안은 어머니가 외양간에 있는 소를 가리켜 '소' 라고 할 때 아기는 소의 생김새를 보고 익히면서 '소' 라는 말을 기억하게 된다. 그리고 소가 안 보여도 '소' 라는 말을 들을 때 실제의 대상물 '소' 에 대한 기억이 번개 같이 머리에 떠오르며, 몸집이 크고 뿔이 나고 꼬리가 길며 힘이 세어서 밭을 갈고 짐을 나르며 '누런 소', '검은 소', '얼룩 소' 가 있다는 개념이 재현된다. 이리하여 체험을 통해 말의 개념이 성립된다.

(2) 안 보이는 대상물

말의 대상물 가운데는 눈으로 볼 수 없고 만질 수 없으나 느껴서 아는 대상물이 있다. '양심, 자유, 평화' 따위와 '아차, 아뿔사, 에그' 따위와 '기쁘다, 슬프다, 노엽다' 따위 말들은 안 보이는 대상물이다. 이와 같이 안 보이는 대상물은 어떠한 형태의 일과 행동에 나타나는 것을 일상생활에서 체험함으로, 또는 느껴서 그 말의 개념이 성립된다.

제3절 말의 흠점과 표준말

1. 소리의 장단

주시경은 한자(漢字)의 사성(四聲)에 대해 우리 한글은 장단(長短)만 표하면 된다고 주장하였다. 중국의 말이 억양이 많고 센 것은 사성에 의한 것이기 때문이다. 사성이라 함은 평성, 상성, 거성, 입성, 이 네 가지 소리를 말한다. 평성(平聲)은 가장 낮은 소리요, 상성(上聲)은 낮은 소리로 시작하여 세게 높아지는 소리요, 거성(去聲)은 가장 높은 소리요, 입성(入聲)은 짧고 빠른 소리이다. 그러나 우리 한글은 중국의 말과 같이 억양이 세지 않아 장단만 표하면 되고 사성이 필요치 않다. 보기를 들면 다음과 같다.

- 긴소리(위쪽에 두 점을 표한다)
- 예사 긴소리(위쪽에 한 점을 표한다)
- 평상소리(점이 없음)

2. 말의 흠점

말은 사람의 감정과 사상을 나타내는데 훌륭한 무형의 이기(利器)이다. 그러나 흠점이 있으며 이 흠점이 글자를 낳게 하였다.

(1) 시간적 흠점

말소리는 우리 청각에 오래 남지 못하고 순간에 사라진다. 또 무형(無形)한 것으로 어떤 형해(形骸)를 남기지 못하며 다시 듣고자 하여도 들을 수 없는 것이 흠점이다.

(2) 공간적 흠점

말소리는 멀리 또는 중간에 장애물이 있으면 들을 수 없다. 그런데 물리학적 이기(利器)를 통해 듣는다 하여도 극히 제한된 것이므로 말소리는 공간적 제한을 받는 것이 흠점이다.

(3) 기억의 흠점

그 숱한 말소리를 다 기억할 수 없고 이내 잊어버리게 되는 것이 흠점이다.

인류가 이와 같은 말의 흠점을 보완해 보려고 노력한 것이 마침내는 오늘과 같은 글자를 만들어 내었다. 레코드나 녹음기나 전화기를 발명하였으나 글자로 적은 것만 못하고 말을 적은 책만 못한 것이다.

3. 말수와 표준말

인류의 말이 처음에는 그 말수가 손으로 꼽으리만치 얼마 안 되었으나 오랜 역사와 더불어 석기시대, 청동기시대, 철기시대, 석유화학시대에 이르면서 문화와 과학이 진보함에 따라 새 말들이 늘고 늘어서 어마어마한 그 말수를 주체할 수 없을 정도의 현대에 살고 있다. 이렇게 많은 말 중에는 사투리가 또한 많아서 이 말을 정리하고 통일하려는 것이 표준말이다.

표준말	사투리
마고자	반배, 팔배, 마괄
홰나무	회야나무, 회화나무, 괴화나무
뒷간	칙간, 정낭, 통시

표준말은 같은 뜻의 여러 말 가운데 어느 하나만을 뽑아 세운 것이며, 표준말이 둘이 될 수는 없다. 그리고 말을 글자로 적는 방법도 그 법이 하나이지 두 가지 방식이 있을 수 없다. 이것이 모두가 말의 발달이다.

틀림	비름
노피	높이

만이	많이
거시다	것이다
뜨슬	뜻을

제2편
문자학

제1절 글자의 기원과 짓

1. 글자의 기원

지구촌의 인종은 다섯 종류 또는 열다섯 종류라고 한다. 이를 언어별로 나누면 86종류 또는 130여 종류이다. 그러나 그중에 글자를 가진 나라는 50여 나라에 불과하다. 인류가 있은 이래 글자를 창제한 기원을 크게 넷으로 나눠 본다.

- 나일강 유역: 이집트의 그림글자
- 유프라테스강 유역: 바빌로니아의 쐐기글자
- 황하강 유역: 중국의 한자
- 한강 유역(서울): 한국의 한글

인류 역사에서 가장 오랜 글자가 이집트의 그림글자이다.

이 그림글자가 발달하여 오늘의 알파벳 소리글자가 되었다. 인류의 사회 형성과 글자의 발생이 큰 강을 끼고 발생하였다는 사실이다. 이집트의 그림글자가 나일강 유역에서 발생하였듯이 유프라테스강 유역에서 바빌로니아 쐐기글자가 발생하였고, 황하강 유역에서 중국의 한자가 발생하였고, 극동의 한강 유역에서 한글이 발생하였다.

〈글자의 분류표〉

글자	뜻글자	그림글자	덩이말 그림글자 = 북아메리카, 오스트리아, 아프리카(그림 안에 여러 말뜻이 있어 나눌 수 없음)
			이집트(낱말 하나가 그림으로 됨)
		시늉글자	이집트, 중국, 멕시코(어떤 말을 형상으로 나타낸 글자)
	소리 글자	표어글자	이집트, 바빌로니아, 중국(한 말 한 뜻을 나타내나 나눌 수 없는 글자)
		철음글자	바빌로니아, 거란, 일본(한 소리 한 글자이나 다시 자모로 나눌 수 없음)
		자모글자	자모음 종속글자 = 인디안, 몽고, 한국(모음을 자음에 종속시키는 글자)
			자모음 동위글자 - 페니키아, 히브리, 그리스, 라틴, 로마, 독일, 프랑스, 영국, 러시아(모음과 자음을 나란히 놓음)

2. '짓'의 발견

글자는 일조일석(一朝一夕)에 이루어진 것이 아니다. 오랜 세월후에 이루어졌다. 글자를 발명하기 전에 말과 함께 쓴 것이 '짓'이다. 말이 먼 거리에서 안 들릴 때 '손짓'을 하여 이리 오라거나 저리 가라거나 하는 자연한 '짓'이 시작되었고, 이것을 말과 함께 썼다는 것은 오늘에 말과 글자를 함께 쓰는 것과 같은 것이다. 그것은 '짓'이 손이나 몸짓으로 어떤 형태를 시각을 통해 말 대신 생각을 전달하기 때문이다. 또한 말이 글자가 되는 과정에서 가장 먼저 이루어지는 단계가 '짓'이다. '손짓'은 '짓' 중에 가장 처음 생겨난 것이며, 이 '손짓'은 글자가 발달한 오늘에도 농아(聾啞)의 교육을 위해 사용되고 있다.

(1) 손짓
다른 사람을 오라고 부를 때, 나 자신을 가리킬 때, 사랑스럽다고 할 때, 물건을 가리킬 때, 셈수를 셀 때, 남을 꼬집거나 무엇을 달라고 할 때, 싫다고 할 때, 문을 열라고 할 때, 반갑다고 손을 잡는 것, 손뼉을 치는 것, 물량이 적고 많고 작고 큼을 나타낼 때, 노래와 함께 표현할 때 따위이다.

(2) 머리짓
싫다고 머리를 휘젓는 것이나 그렇다고 머리를 끄덕이는 따위이다.

(3) 입짓

아니꼽다고 입을 삐쭉하는 것이나 마땅하지 않다고 입을 뾰족하게 하는 따위이다.

(4) 눈짓

밉다는 뜻으로 흘기는 것이나 비밀을 알릴 때 눈을 깜박하는 따위이다.

(5) 혀짓

혀를 쯧쯧 차는 것이나 아니꼽고 더럽다고 침을 뱉는 따위이다.

(6) 얼굴짓

웃는 것이나 찡그리는 따위이다.

(7) 어깨짓

어깨로 밀거나 어깨춤을 추는 따위이다.

(8) 몸짓

몸을 흔들거나 뒤트는 따위이다.

(9) 발짓

발길로 차거나 흔들거나 미는 따위이다.

(10) 궁둥이 짓

기쁘고 좋아서 엉덩이를 이리저리 흔드는 따위이다.

위와 같이 '짓' 은 말 대신의 표현이 아니라 감정을 표현하는 하나의 방법이지 말은 아니다. 짓을 노래에 부쳐서 유희(遊戲)를 하는 것도 말 대신의 표현이 아니라 감정을 아름답게, 좀 더 풍부하게 나타내려는 또 하나의 방법인 것이다.

3. '짓' 의 결함

'짓' 은 말의 결함을 보충해 주기는 하나, '짓' 의 종류가 말처럼 불어 날 수는 없고 한정되어 있어서 사람의 감정을 남김없이 충분히 표현할 수 없다. 그것은 상대자에게 내 생각과 뜻을 바로 알리도록 '짓' 을 한 다는 일이 그렇게 쉬운 일이 아니라는 것이다. '짓' 은 외목으로만 할 수 있는 것이기 때문에, 하던 일손을 멈추고 손짓, 발짓을 해야 하고, 그 '짓' 을 보는 사람 또한 하던 일손을 멈추고 보아야 한다. 그러나 말은 일을 하면서도 얼마든지 할 수 있고 들을 수 있다. 또 '짓' 은 어두운 데 서는 안 보이는 것이어서, 비록 표현하는 사람은 어두운 데서 얼마든 지 '짓' 을 할 수 있으나 보는 상대편은 볼 수가 없다. 그러나 말은 어두 운 데서도 말할 수 있고 들을 수 있는 것이다. 또, '짓' 은 이내 사라지고 기록할 수도 없는 것이다.

제2절 표식법의 발견

'짓' 보다 진보된 것이 표식법(標識法)이다. '짓' 은 시각을 모개로 하고, 말은 청각을 모개로 하여 사람의 생각이 전달된다. 언어학자들은 인류가 말을 알기 시작하여 표식법 시대까지를 '기억시대' 라고 한다. 그것은 말만 가진 시대나 '짓' 을 함께 가진 시대나 표식법을 함께 가진 시대나 다 사건에 대하여 기억에 의존하기 때문이다. 표식법은 어느 단순한 사건을 보존하여 전달할 뿐이며 오늘의 글자와 같을 수 없다. 표식법에는 결승법, 기별막대, 조개띠 따위가 있다. 기별막대는 나무막대에 금(線)을 그어서 여러 가지 형식으로 뜻을 지니게 하여 어떤 말을 약속하고 의사를 소통하는 방식이다. 기별막대는 아프리카의 카벨 사람과 오스트리아 사람이 사용하였다.

1. 조개띠

바다에서 조개를 캐고 고기를 잡던 시대에는 조개를 가지고 의사(意事)를 소통하였고 그 후 농경(農耕)시대에는 짚으로 새끼를 꼬아 매듭을 지어 뜻을 소통하였다. 이 모두가 글자가 없던 시대에 원시적인 전달방식이었다.

조개띠는 조개를 끈에 꿰어서 그 수와 조개의 크고 작은 크기에 따라서 뜻(약속)을 나타낸다. 어떤 중대한 일이나 엄숙한 담판(談判)을 내릴 때 그 기억을 돕기 위해 쓰는 방식이며, 북아메리카 인디언과 아프리카 토인들이 사용하였다.

기별막대는 내가 일곱 살 때 우리 마을에서 야간(夜間) 순행군들의 순번(順番)을 알리는 데 사용하는 것을 보았다.

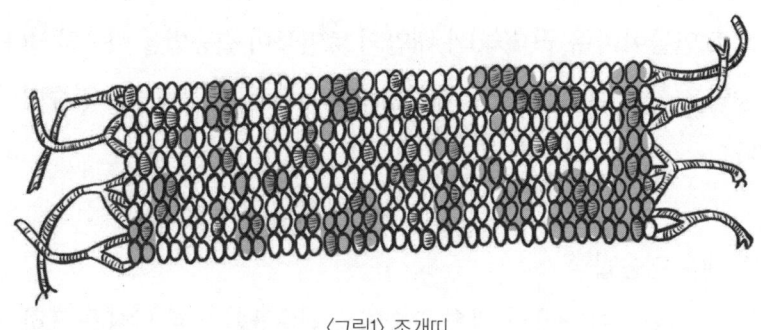

〈그림1〉 조개띠

2. 결승법

결승(結繩)이라는 말은 퀴퍼스(Quipus)라는 말인데 '맨눈' 이라는 뜻이며, 우리말로는 '매듭' 이라는 말이다. 새끼로 매듭을 지어서 말을 표시해 보았다. 중국에서도 결승법이 있었다고 하여 역(易)의 계사전(繫사傳)에

"上古結繩而治 後世聖人易交以書契 百宮以治萬民以察
蓋取諸夬"

이라고 전해 온다. 그러나 중국의 결승법이 어떤 방식의 것이었는지
증거가 없다. 이 결승법은 베루비안 사람들이 일찍이 사용했고, 캘리
포니아의 토인들도 사용했으며, 서부 아프리카의 아루도라 토인들이
며 쩨브스 사람이며 멕시코의 쪼니라는 인디언들이며 북아메리카의
비노 토인들이며 유구(琉球)와 대만의 토인들이 결승법을 사용하였다.
결승법은 두 가지로 나누어 계수(計數) 결승법, 구절(句節) 결승법이
있다.

(1) 계수 결승법

유구[1] 사람들이 사용한 계수 결승법은 연대표와 달과 날짜를 표하고
돈을 거래할 때와 일꾼을 부릴 때 사용하였다. 글자도 종이도 없는 시
대에 사람의 지혜는 기억보다 시각을 통한 어떤 표식법을 발견한 것이
결승법이다. 유구 사람만이 아니라 오키나와 사람들도 결승법을 사용
하였다. 이 계수 결승법은 계수(計數)를 주로 한다고 해서 계수 결승법
이라 이름하였다.

말은 있어도 글자가 없던 시대에 결승법의 발견은 큰 발견이었다. 그

---

1) 유구는 큐슈 남쪽 맨 밑에서 대만에 이르는 약 1,300km 해상에 활처럼 연결된 200
개에 가까운 섬을 가리킨다. 따라서 하나의 땅이 아닌 열도이다(편집자주).

시대에는 지금처럼 말이 발달되지 못하고 지극히 적은 말수를 가지고 살았을 것이다. 그러므로 결승법은 꽤 후의 얘기인 것 같다. 그것은 돈을 거래한 것을 보아서도 알 수 있다.

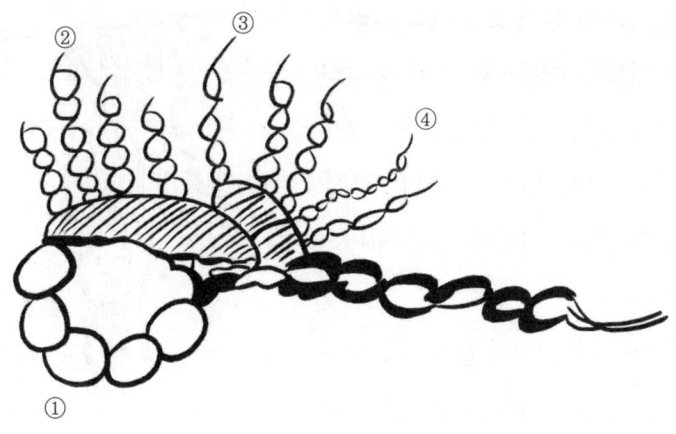

〈그림2〉 계수 결승법

〈그림2〉에서 ①은 타원형으로 된 동그란 고리 하나가 천 단위이며 오천을 뜻하고, ②는 백 단위이며 사백을 뜻하고, ③은 열 단위이며 삼십을 뜻하고, ④는 하나 단위이며 둘을 뜻한다.

결승법의 단위를 구분해 매듭할 때 굵게 가늘게 꼬아서 차등(差等)이 눈에 빨리 들어오게 하였다.

(2) 구절 결승법

이 결승법은 정교하여 매는 매듭의 형태와 매듭의 거리에도 일일이 뜻이 있으며, 또 새끼올을 드리우는데 길이나 굵기, 또 색깔에도 뜻이 있다. 베루비안 사람들은 전기나 연대를 기록해 전했으며 더욱 놀라운 것은 새끼를 매듭하는 일과 해석하는 기술적 특정인이 있었다는 것이다. 구절 결승법이라는 말은 구절, 곧 짧은 문장을 결승한 것을 의미하는 것이다.

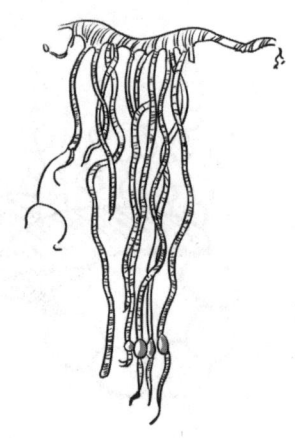

〈그림3〉 구절 결승법

기본이 되는 새끼줄에 가느다란 새끼줄이 달려 있다. 빨간 빛깔은 병졸(兵卒)을 뜻하고, 노란 빛깔은 금(金)을 뜻하고, 흰 빛깔은 은(銀)을 뜻한다. 한 매듭은 열을 뜻하고, 두 매듭은 백을 뜻하고, 세 매듭은 천을 뜻한다.

3. 표식법의 결함

표식은 '짓'에 비해 상당히 진보된 방식이다. 그러나 그러한 기억 방식으로는 사람의 복잡한 감정과 그 많은 말을 도저히 표식하여 기억해

낼 수 없고, 그 표식을 보관해 두는 일도 큰 문제이다. 더구나 문화적 표현을 할 수 없으며 그 매듭을 짓는 일도 대중적인 방식이 될 수 없다. 그러므로 인류는 말을 보존할 글자를 발견하려고 꾸준히 노력했던 것이다.

제3절 덩이그림

1. 어느 낭자의 연문

글자가 없던 시대에 그림으로 어떤 사건을 기록해 놓은 그림이다. 덩이그림이라는 말은 이집트의 낱말그림처럼 조직적이 아니고 어수선하게 그림으로 얽어서 한 덩이로 되었다 해서 덩이그림(畵語)이라 이름하였다. 이는 글자가 아닌 말을 적은 그림이다. 그러나 앞에서 말한 기억 방식의 표식보다는 진보된 표현이며 글자에 가까운 방식이다.

그림으로 어떤 뜻을 가진 말을 나타낸다는 일은 매우 어렵고 쉬운 일

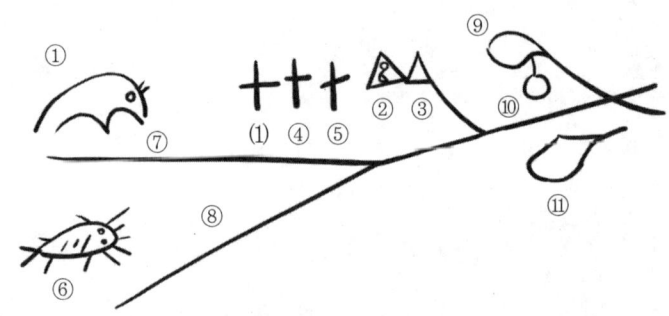

〈그림4〉 연문(연애 편지)

이 아니다. 그 시대는 종이도 글자도 없었고, 나뭇잎이나 껍질에 그림을 그려서 의사(意事)를 소통했다. 옛 사람들은 글자가 없던 시대에 이와 같은 방식으로 살았다.

〈그림4〉는 북아메리카 토인 지베아 사람인 어느 낭자(娘子)가 그의 사랑하는 사람에게 보낸 연문(戀文)이다. ①은 곰으로 낭자 자신을 표하고, ④, ⑤는 연민 남녀를 표하였는데 이 두 남녀는 크리스천이어서 십자가(1)로 표시했다. ②, ③은 낭자가 살고 있는 집의 표시이고, ⑨, ⑩, ⑪은 낭자의 집이 호수(湖水)가에 있다는 표시이다. ②에 그려 놓은 표(손짓)는 여기로 오라는 표시이고, ⑥은 젊은 연인 남자이며, ⑦, ⑧은 길을 가리킨 것이다.

2. 원정기

이 원정기는 어느 권력자가 자기의 부하 토인들을 데리고 살 땅을 찾아보았던 원정기(遠征記)이다. 이 그림은 북아메리카 지베아 토인이 나무껍질에 그려 놓은 그림인데 사실(史實)을 기록한 그림이다. 그러나 이집트의 그림글자와는 전혀 다른 방식의 그림이다. 그 권력자는 그림에 사건을 담아서 후세에 전하고자 한 것이다.

이 원정기는 글자는 아니지만 한눈에 글자 이상으로 첫 눈에 그 내용을 알게 된다. 실로 잘 나타낸 그림이다. 그때는 어느 사건을 글자가 아닌 그림으로 그려 주는 일을 하는 사람이 따로 있었던 것 같다.

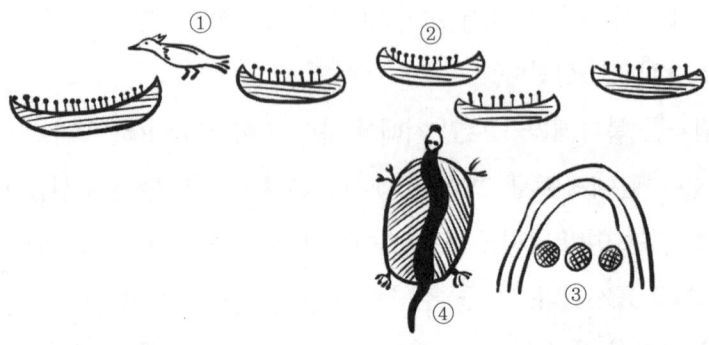

<그림5> 원정기 그림

　〈그림5〉에서 ①은 인솔자, ②는 다섯 척의 배, ③은 바다를 건너 사흘
이 걸렸다는 것을 나타내고, ④는 갔다가 돌아왔다는 것인데 거북을
그린 것은 거북은 육지나 물에서 사는 것이기 때문이다.

1. 낱말 그림글자

앞에서 말한 덩이그림보다 그림이라는 영역을 벗어나서 진보된 것이 이집트(Egypt)의 낱말 그림글자이다. 물론 그림에 머물고 있기는 하나 글자에 가까운 그림이다. 그것은 덩이에서 낱말로 분화시켜 놓은 낱말식으로 그림을 그려 놓은 글자이다.

지구촌에서 가장 일찍이 발명된 글자가 이집트의 낱말 그림글자이다. 북아메리카의 토인들의 그림보다 이상적인 그림글자이다. 그것은 낱말을 선(線)으로 적은 것이 아니고 그림으로 적되 낱말 단위로 그림이 되었다는 데서 그 의의가 크다. 글자라고 부를 수 있는 시대가 이때부터라고 본다.

그렇기 때문에 글자의 기원을 말한다면 글자의 시조(始祖)는 이집트의 낱말 그림글자이다. 그러므로 이집트는 낱말 그림글자를 가짐으로 아주 옛 문화를 함께 가지고 있었다는 것은 의심할 여지가 없다. 영국의 옥스퍼드 박물관에 있는 이집트 옛글자는 센드 왕 시대에 만들어진 것이라고 하는데 이 센드 왕은 서기(西紀) 기원전 4,700년경의 인물이다. 지금부터 실로 무려 6,689년 전에 만들어 낸 이 글자는 너무 오랜 글자로 읽을 사람이 없었으나 1799년에 나일강변 로제타에서 발굴된 돌에 새겨 놓은 글자와 옥스퍼드 박물관에 있는 글자를 스웨덴의 학자 아커블래드(Akerblad)와 프랑스의 학자 챔폴리온(Champolion) 등이 비교 연구하여 고심한 끝에 처음으로 읽어내게 되었다. 이렇게 오래된 이집트의 옛글자이지만 지금까지 보존되어 있다.

〈그림6〉 이집트의 낱말 그림글자

〈그림 6〉에서 ①은 이집트의 낱말 그림글자이고, ②는 감독하는 사람, ③은 노동하는 사람들이다. 더욱 놀라운 것은 어법(語法)의 시작이라는 점이다.

이집트의 글자 학자들은 어떤 사물(事物)이나 생각을 그림글자로서 전달하는 방식(글자)을 발견하였다. 이는 큰 발견이었다. 그러나 오늘과 같은 글자와 말본(語法)이 발전되리라고는 생각지 못했을 것이다.

이집트의 글자는 스물 두 글자였으며 낱말 그림글자이다. 이를 유형별로 나누어 보면 다음과 같다.

날짐승(새)	독수리, 학, 집오리, 부엉이
들짐승	사자, 흡혈귀, 뱀
살림 기구	의자, 의자 등받이, 체, 굴대, 갑옷
사람의 몸	손, 혀, 입
길	길, 평행선, 미로
물	물, 홍수와 화원
점선	점선

(1) 유형 그림글자

유형 그림글자는 말의 대상물을 간결하게 선(線)으로 나타냈고, 눈으로 볼 수 있는 물체의 생김새를 그린 그림글자이다. 여기서 말해 두어야 할 것은 '선'으로 그렸다는 점이다.

동서양을 막론하고 글자는 모두 선(線)으로 되었다. 그것은 좁은 공간에 시선을 주어 읽기 쉽도록 하고자 한 것이다. 그러므로 선이 확실해야 하고 보기에 아름답고 편해야 한다.

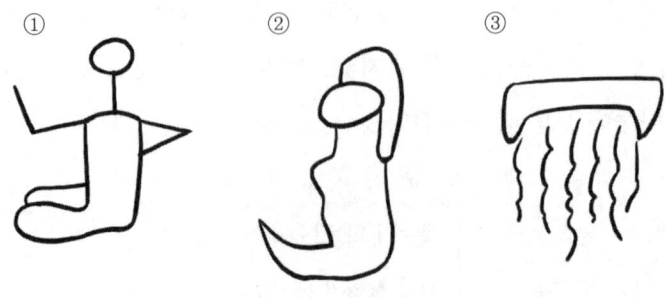

〈그림7〉 유형 그림글자

〈그림7〉에서 ①, ②는 간결한 '선' 속에서 이집트 사람의 치밀하고 교묘한 기술적 표현을 엿볼 수 있다. 사람에 대한 그림글자에서 성별(性別)이 직각적으로 시각에 들어온다. 하나는 활동적이고 다른 하나는 그렇지 않다. 남자는 왼팔을 들고 바른팔은 허리에 대므로 남자의 기개를 말해 준다. 반면에 여자는 머리가 길고 유방이 튀어나고 다리를 모은 모양으로, 여자다운 풍속을 말해 주는 듯하다. 또 ③은 비를 하늘과 구별하여 위에서 아래로 곡선을 나타냈으니 교묘하게 표현하였다.

(2) 무형 그림글자

무형 그림글자는 육안으로 볼 수 없는 말의 대상물을 간결하게 '선'으로 나타냈다. 무형한 것을 유형하게 표현하자니 실로 어려운 일이었을 것이다. 가령 바람과 공기를 어떻게 구별해야 하느냐는 따위이다.

실로 놀라운 일이다. 무형한 사물(事物)을 유형하게 그림으로 표현해 냈으며, 이 그림글자는 세계적으로 글자 문화의 기초가 되었고, 많은 나라들이 도입하여 제 나름의 글자를 가지게 되었다.

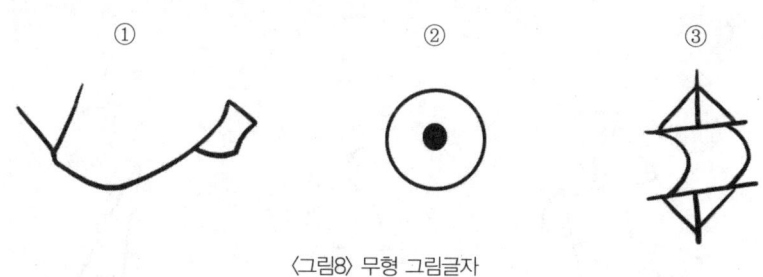

〈그림8〉 무형 그림글자

〈그림8〉에서 보면 표현하기 어려운 것을 쉽게 나타냈다. ①은 살가죽 속에 묻혀 있는 힘줄을 그린 '힘'의 그림글자이고, ②는 때를 표현하는 데는 공허한 우주 가운데 둥근 해를 그려서 '시간'의 뜻을 나타냈다. ③은 '바람'과 '공기'의 두 가지 뜻을 가진 그림글자인데 배의 돛을 구부려서 표현하였다. 그런데 문장의 내용에 따라서 그 두 가지 뜻이 구별되는 것이다.

(3) 동작 그림글자

앞에서 말한 그림글자들은 유형과 무형의 이름씨에 관한 그림글자였으나 여기서는 움직씨, 그림씨, 이름씨에 관한 그림글자이다. 움직씨에 관한 표현은 쉬우나 그림씨에 관한 표현은 매우 어려운 표현이다. 다시 말해서 그림글자는 글자로서의 한 발 직전의 글자다운 의의를 지니고 있다. 그러므로 그림글자를 높이 평가하는 까닭이 여기에 있다.

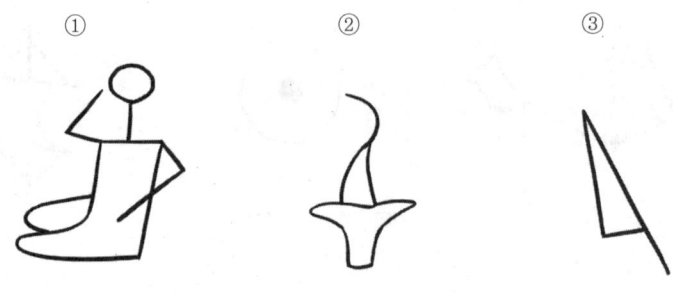

<그림9> 동작 낱말 그림글자

<그림9>에서 ①은 한 그림글자에서 두 세 가지 뜻을 가진 '먹다, 생각하다, 말하다' 라는 그림글자이다. 유형 그림글자에서 남자를 뜻하는 그림글자와 같으되 한 가지 다른 것은 팔을 구부려 손을 입에 가까이 하였다는 것이 다르다. ②는 접시에 타오르는 불꽃을 표현한 것으로 '밝다, 타다' 라는 그림씨와 움직씨로 쓸 때가 있고 이름씨로도 쓰인다. ③은 '칼' 이라는 이름씨로 쓰이면서 '자르다, 깎다' 라는 뜻으로도 쓰인다. 이와 같이 그림글자 하나가 두 세 가지 품사(品詞)로 쓰이는 것

은 그 문장의 내용에 따라서 뜻이 달라진다.

2. 한 그림이 한 글자

덩이 그림과 낱말 그림글자는 얼른 보아서 다를 것이 없다고 보겠으나 이는 사뭇 다르다. 덩이그림은 여러 그림을 모아 질서가 없이 어느 사건을 중심으로 한 폭의 그림을 그린 것이지만 낱말 그림글자는 한 낱말을 그림으로 나타내고 질서가 있으며 여러 낱말 그림이 뜻으로도 독립되고 그림으로도 독립되어 있다. 곧 한 그림이 한 글자이다.

1. 뜻글자의 시초

이집트의 옛 그림글자가 세계 글자의 기원이 된 것은 낱말 그림글자로 진보되었을 뿐만 아니라 그 낱말그림 하나하나에 뜻이 있어 뜻글자의 시초(始初)가 되었다. 이 뜻글자를 더욱 더 발전시켜 소리글자로 변혁한 것은 놀라운 일이다. 그러나 같은 뜻글자이면서도 중국의 글자 한자(漢字)는 소리글자로 진보되지 못하고, 20세기 오늘날에 원시적 글자를 면하지 못하며 쇠퇴해 가는 글자이다.

2. 선의 간결

이집트 옛 사람들이 발견한 것이 선(線)이다. 낱말 그림글자가 모두 선으로 되었고 최소한으로 짧고 간결(簡潔)하여 글자의 발달과 진보에 큰 영향을 주었다. 즉, 그 이후에 세계 모든 글지가 선으로 발달되었다. 글자가 만일 선이 아니고 원시적 그림글자 그대로 전래되었다면 현대 문화 문명에 크게 공헌하지 못하였을 것이다. 이집트의 옛 그림글자를 보면, 그 나라의 학자들이 선을 최소한 줄이고 또 줄여서 그려 놓은 흔적을 발견할 수 있다. 그러나 중국의 글자 한자(漢字)는 선으로 된 글자이기는 하나 선을 줄이지 못하고 원시적 글자 그대로 버려 둔 것이 큰 결함이다.

글자는 시간과 밀접한 관계를 가지고 있다. 그러나 한자는 시간을 너무 무시했으며 현대와 같은 고속 시대에 와서는 낙오된 글자이다.

3. 그림글자의 질서

이집드의 옛 사람은 글줄을 왼쪽에서 오른쪽으로 가로 쓰면서 아래로 적어 내려갔다. 이 같은 글자 운영은 커다란 변혁을 일으켜 주었다. 그러므로 글자의 발명도 중요하나 글자의 질서도 중요하다. 질서는 생명이다. 사람의 육체 안에서 피의 순환은 곧 질서이다. 이와 같이 글자의 질서는 글자의 생명이다. 국가나 사회가 부패하면 혁명이 있듯이, 사업에 실패하면 그 운명에 변혁을 가져오듯이, 글자를 운영함에 있어서도 변혁이 없이 훌륭한 글자를 가질 수 없다. 중국의 한자(漢字)는 변혁이 없다. 여러 가지 서체(書体)를 가졌을 뿐이다. 그러나 이집트의 낱말 그림글자는 지중해안의 여러 나라들이 도입하여 연구하고 번혁하여 오늘과 같은 훌륭한 알파벳 글자로 발달시켰다. 그러나 중국의 한자는 동북아시아 여러 나라들이 도입하기는 하였으나 변혁을 일으키지 못한 이유 중의 하나가 대국(大國)이라는 모화사상[2]과 절대불가침의 글자라고 해서 예속문화에 스스로 만족했기 때문이다.

---

2) 중국의 문물과 사상을 흠모하여 따르려는 사상(편집자주).

제6절 쐐기글자

1. 바빌로니아

바빌로니아(Babylonia) 지역에서 기원전 1,800년경에 셈의 자손인 아모리 족(Amorites)이 일어나 바빌로니아 왕국을 세워 바벨론에 도읍(都邑)하였다. 바벨론은 대상(隊商) 무역의 중심지로 발전하였으며 메소포타미아 문화에 크게 공헌하였다. 1년을 12달, 한 달을 30일로 정하고, 6년 만에 13달을 넣는 역법(曆法)과 한 주(週)를 7일제, 하루를 24시간제, 360도제 등을 창안하였다. 그런데 바빌로니아 왕국보다 훨씬 먼저 기원전 1,300년경부터 인종불명의 수메르(Sumeria) 사람이 살고 있었으니 그들이 그림글자를 만들어 상업용으로 사용하였다. 이 그림글자는 후에 쐐기글자로 발전하였다.

2. 바빌로니아의 그림글자

바빌로니아에도 그림글자 시대가 있었다. 수메르 사람은 유프라테스 강 상류(上流)에 있는 알레포[3] 육로를 통해 지중해안의 이집트와 통상 무역을 하면서 그림글자를 도입하여 바빌로니아 옛 그림글자를 만들어 상업용으로 사용하였다. 그들이 만들어 낸 그림글자는 뜻글자였다.

이집트 그림글자보다 1,200년 후에 만든 글자이다. 그런데 이집트의 그림글자와 공통된 점은 낱말 그림글자라는 것이다. 분명히 이집트의 낱말 그림글자의 영향을 받았다.

〈그림10〉 그림글자에서 쐐기글자로

〈그림10〉에서 ①은 '칼'이라는 바빌로니아의 그림글자이다. ②는 뜻이 같으되 쐐기글자로 되었으며 이때까지도 뜻글자로 사용하였다. 그러나 ③도 뜻이 같으되 이때부터 소리글자로 사용하였으며 진보 발전하였으나 이집트의 그림글자 '칼'과는 그림이 사뭇 다르다.

앞에서 말한 이집트의 낱말 그림글자 '칼'은 선(線)이 아주 간결한데 비해 바빌로니아의 낱말 그림글자 '칼'의 선은 아주 복잡하고 정리되

3) 다마스커스에서 북쪽으로 360Km 떨어진 곳에 위치한 B.C. 3000년경에 건설된 도시이다. 알레포는 동서 무역의 요충지로서 오늘날까지 경제적으로 중요한 역할을 하고 있다. 명소로서 고성, 대 사원, 사마리안 시대 이래 히타이트, 아시리아, 페니키아 등으로 이어지는 고고학적 사료를 보존한 알레포 박물관, 고대 유적들을 조망할 수 있는 로마고개, 바자르, 아랍 군사건축물의 표본인 알레포 성 등이 남아 있다(편집자주).

지 않은 글자이다. 이 두 그림글자는 너무나 대조적인 것이다. 글자의 선이 간결해야 하고 또 단선화해야 한다는 원리에서 볼 때 아직도 그림에 머물고 있다. 그러나 소리글자이면서 그림의 영역을 벗어나 쐐기글자로 변혁을 일으킨 것은 높이 평가해야 할 것이다.

3. 쐐기글자

쐐기글자의 기원은 그림글자이다. 그러나 그들이 쐐기글자를 발명한 것은 종이가 없던 시대에 나무껍질이나 잎에다 글자를 쓰다가 옹기흙판(粘土版)을 발견한 후에 쐐기글자를 만들어 낸 것이라고 본다. 갈대를 깎아서 뾰족한 끝으로 흙판에 글자를 새기다가 선(線)으로 새기는 것보다 점(點)을 찍듯이 갈대 끝으로 꾹꾹 찔러 나가는 것이 그림을 그리기보다는 쉽고 빠르므로 쐐기 모양으로 점을 모아 글자를 만들어 낸 것이 쐐기글자 창안의 동기였다고 본다. 쐐기글자라고 불리는 이유로는 딴 글자들은 선으로 글자가 되어 있는데 유독(唯独) 바빌로니아의 쐐기글자만이 세모의 점으로 되어 있기 때문이고, 또 다른 이유는 갈대 끝으로 흙판에 쓰다 보니 세모로 된 점을 발견할 수 있기 때문이다.

쐐기글자는 메소포타미아 문화에 공헌했을 뿐만이 아니라 에불라[4] 문화에도 크게 공헌하였다. 이 쐐기글자는 소리글자로서 닿소리와 홀소리로 되었으며 철자(綴字)하는 방식이 마치 한국의 한글과 같다. 처음에는 글줄을 종서(縱書)로 하였으나 1,300년경부터 횡서(橫書)로 하였다. 글자학자들은 인디아의 범자(梵字)는 쐐기글자의 영향을 많이 받았다고 말한다.

4. 쐐기글자의 결함

쐐기글자는 그 선이 세모이기 때문에 많은 문제를 지니고 있다. 세모의 뾰족한 끝이 일정하게 어느 쪽으로 향한 것이 아니고 왼쪽으로 또는 위나 아래로 향하였으니 점을 찍듯이 적어 나아가는 일이 그리 쉬운 일이 아니다. 더구나 세모의 점이 넙적하여 점과 점 사이를 명확히 하기 어렵다. 또는 세모의 점을 뭉쳐서 갖가지 낱말을 만들자니 너무 복잡한 글자여서 보급되기 어려운 글자요, 대중적으로 효율적인 질서를 가질 수 없는 글자이다.

---

4) 알레포에서 남쪽으로 40Km 거리에 있는 B.C. 3000년에 건설된 도시이다. 1955년에 도시를 에워 싼 성곽과 4개의 성문, 아그리스 왕궁, 도로망, 현무암 제단과 함께 시리아의 역사를 기록한 16,000개의 점토판이 발굴되면서 에블라의 역사적 가치가 부각되었다. 점토판의 기록으로 에블라가 B.C. 2250년에 멸망한 것이 확인되었다 (편집자주).

제7절 시늉글자

시늉글자(象形字)까지를 글자 이전 시대로 보는 것은 시늉글자가 그림의 영역을 벗어나기는 했으나 글자의 생김새로 보아 완전 탈피하지 못했기 때문이다. 여기서 말해 두고자 하는 것은 그림글자는 완전히 그림이기 때문에 그림글자라 이름 붙인 것이다. 시늉글자는 선(線)으로 되었으되 그래도 그 낱말에 대한 대상물의 시늉을 하고 있다 해서 시늉글자라 이름 붙였다. 그러나 이집트 사람은 뜻글자로만 사용하였고 소리글자(聽音文字)로는 생각하지 못하였을 때, 페니키아 사람은 이 시늉글자를 도입해서 변형(變形)하여 소리글자로 사용하였다.

1. 이집트의 시늉글자

이집트 사람은 저들의 그림글자를 어떻게 하면 단선화(單線化) 할 수 있을까 하여 고심한 끝에 시늉글자를 만들었다. 앞에서 말했듯이 글자에는 질서가 있다. 이 질서에 대한 문제는 단선화함으로서 해답을 얻었다. 글자의 획이 많을수록 둔(鈍)하고 신속하지 못하다. 우리 한국에서는 글줄(字行)을 말할 때 '몇째 줄' 하는 것을 '몇 행(行)'이라 한다. 이 행은 '가다, 다니다'의 뜻이다. 다시 말해서 글줄을 써 나아가는 것은 보행(步行)하는 것과 같다는 말이 된다. 글자의 단선화는 신속한 질서를 위한 일이다. 그림으로 보면 다음과 같다.

①　　　　　②　　　　　③　　　　　④

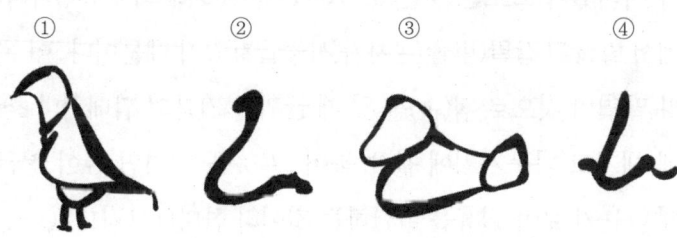

〈그림11〉 그림글자에서 시늉글자로

〈그림11〉에서 ①은 독수리인데 그 복잡한 선을 줄여서 ②와 같이 단선화하였다. 단선이란 말은 '펜을 들어 지면에 일단 대었으면 떼지 않고 아주 간결하게 낱말 하나를 쓰고 마치는 것을 말한다.' 또 그림 ③은 사자인데 역시 그 복잡한 선을 ④와 같이 단선화하였다. 이 얼마나 진취성 있는 이집트 사람의 글자 혁명이었던가!! 실로 저들의 창조성은 놀라운 것이다. 이 단선화 사상은 시늉글자를 소리글자로 이끌어 준 동기가 되었다. 그러므로 한 번 만들어진 글자는 인류의 문화생활에 있어서 절대 불가침의 것이 아니요, 글자 운영의 편리한 방향으로 얼마든지 변혁시킬 수 있는 것을 보여 주었다. 그러나 중국의 한자(漢字)는 절대 불가침의 존재로서 더욱이 우리 한국과 일본에서 군림(君臨)하고 있다.

2. 중국의 시늉글자

　중국 한자(漢字)의 기원에 대해서는 전설만이 있을 뿐 이집트의 시
늉글자 시대였다고 보는 것은 1899년에 안양(安陽)의 은(殷)나라 시대
성터에서 발굴된 갑골(甲骨)글자가 시늉글자였기 때문이다. 이 글자는
은나라 말엽의 것으로 점(占)을 칠 때 글귀를 거북의 껍데기나 소의 어
깨뼈에 새기고 나뭇가지에 불을 붙여 그 곳을 지지면 금이 점글귀로
어떻게 나는가 보아 길흉을 판단하는 것이라 한다(〈그림12〉).
　갑골글자는 서기전 1,400년경의 글자이며, 그림글자가 아니요 선(線)
으로 된 시늉글자이다. 그리고 또 발굴된 금글자(金文字)는 서기전

〈그림12〉 갑골글자

1,100년경의 주(周)나라 여왕(厲王) 시대의 것으로 대극정(大克鼎)이라는 솥에 새긴 시늉글자인데 금글자라는 말은 쇠에 새긴 글자라는 뜻이다. 중국의 글자로는 아직까지 이 두 가지 글자가 최초의 글자가 되는 것이다.

<그림13> 갑골글자 풀이 그림

〈그림13〉에서 ①은 아들(子)을 뜻한 글자이다. 아기가 팔을 들고 앉아 있는 시늉을 하고 있다. ②는 몇 해(年)라는 나이를 뜻한 글자이다. 길게 선을 위 아래로 구부려서 무한대한 하늘에서 땅에 이르게 하고, 별이 반짝이는 시늉을 하고 있다. ③은 '길다, 오래다, 영원하다'를 뜻하는 글자이다. 오른쪽에 길게 그은 두 선은 강(江)을 시늉하였고, 왼쪽에는 작은 내를 사이에 두고 사람이 사는 집 모퉁이가 있어 흐르는 강물같이 영원하다는 것을 시늉한 글자이다. 그러나 이집트의 시늉글자와 비교하면 선이 많고 복잡하여 능률적이지 못한 글자이다. 한자(漢

字)는 처음부터 아예 단선화하지 못하고 이제 와서야 깨닫고 단선화하려고 하나 어려운 일이다. 그 증거로는 한자에 대체할 주음(注音)글자라는 소리글자를 만들어 단선화했으나 성과를 얻지 못한 것이다. 그 이유는 여러 가지이다. 중국 사람의 용단이 절대 요소였는데, 그 오랜 역사를 가진 한자가 중국인 정신 사상에서 쉽게 버려지지 못할 고질(痼疾)이었기 때문이다. 주은래(周恩來) 수상 때 한자의 알파벳화를 서두르고 있어 1975년 9월 1일부터 우선 사람 이름과 땅 이름에만 실시하기로 하였다. 이는 한자 문화의 고민을 노출시켰고 어찌할 수 없는 한자의 쇠퇴를 증언하는 것이다. 한자의 원산지인 중국이 한자(漢字)를 폐기하고 알파벳식으로 대체한다면, 한자 문화는 옛 문화로 멀찌감치 물러서게 될 것이며, 그렇다면 한자 문화권에 있는 나라들은 얼마나 버틸 수 있을지 주목할 일이다.

3. 글자의 장점

글자는 말을 적기 위해 만든 것이라고 생각했으나 반드시 그렇다고만 할 수 없다. 그것은 입을 열어 말하지 않고 눈으로 글자를 통해 소리 없이 우리 생각에서 말을 하기 때문이다. 이를 '글자말'이라 한다. 글자가 없으면 인류의 지혜와 사상이 퇴보되고 자멸당할 것이다. 그러므로 현대에 와서는 더욱 말 못지않게 글자말이 중요한 시대에 살고 있다.

(1) 시간적 장점

소리말은 입 밖으로 떨어지자 이내 사라지나, 글자말은 소리말에 비해 영구히 보존될 수 있는 것이 장점이다.

(2) 공간적 장점

소리말은 멀리 있거나 또는 장애물이 있으면 들리지 않으나 글자말은 편지, 신문, 잡지, 공문서, 저서를 통해 어디든지 전달되는 것이 장점이다.

(3) 이해의 장점

소리말은 한 번 들으면 다시 듣기 어려우나, 글자말은 보고 또 볼 수 있어서 충분히 이해할 수 있는 것이 장점이다.

위와 같이 '글자말'은 오래 보존되고, 말의 변천을 알게 하고, 인류의 문화와 문명의 전달자로서 또한 영원성을 지니고 있다.

제1절 페니키아 글자

1. 상업국 페니키아

  페니키아(Phoenicia)는 레바논 산과 지중해 사이에 있었으며 상업국
으로 번창한 나라였다. 이집트는 물론이요 지중해 연안에 있는 여러
나라들과 통상을 하였다. 그리고 그리스와 아시아에 식민지를 가지고
있었으며 지중해를 누비는 대상업국으로 국위를 떨친 나라였다. 그들
은 상업적 목적으로 이집트의 시늉글자를 도입하여, 상업 거래의 각종
문서를 작성하는데 사용하였다. 예나 지금이나 문물(文物) 교류에서
그 매개(媒介)의 역할은 거의 상업인들이 하였다. 페니키이 사람은 이
집트의 시늉글자를 소리글자로 바꿈으로써 변혁을 일으켜 놓았다.

〈그림14〉 알파벳의 발달

2. 알파벳의 발견자

알파벳의 발견자는 페니키아 사람이었다. 그들은 상업상의 목적으로 이집트의 시늉글자를 도입했으나, 글자를 도입해 왔다는 것이 중요한 것이 아니라 뜻글자였던 그 글자를 소리글자로 혁신했다는 것이 중요하다. 그러나 페니키아 상업인들은 이 소리글자가 후에 오늘과 같이 세계에 널리 쓰어지는 알파벳이 되리라고는 생각지 못했을 것이다. 그리고 페니키아 사람은 첫 글자 a를 알레프(Aleph)라 부르고 두번째 글자 b는 베에트(Beth)라 불렀다. 그렇게 해서 글자의 이름을 알레프 베에트라고 불렀다. 페니키아 상인들의 소리글자 발견은 인류문화에 크게 공헌한바 되었고 알파벳의 발견자가 되었다.

3. 페니키아 글자

페니키아 글자가 세계에 큰 영향을 준 것은 글자의 원리(原理)에서 볼 때 우수한 글자였기 때문이다. 글자라 해서 다 우수한 글자가 될 수 없다. 우수한 글자의 기준은 그 글자가 인류의 생활에 어떠한 편익(便益)을 주느냐에 있다. 아무리 그 글자가 역사와 문화를 지니고 오랜 글자라 할지라도 인지(人智)의 발달과 평행하지 못하는 글자는 자연 도태되어 죽고 마는 것이다.

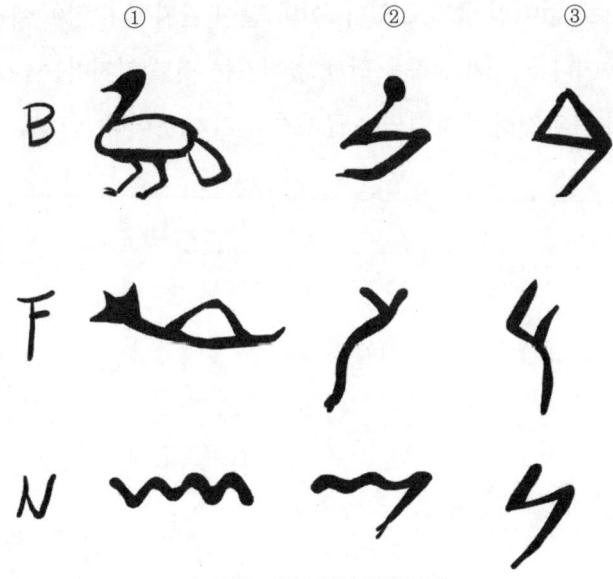

          ①   ②   ③

〈그림15〉 페니키아의 글자 연구

〈그림15〉에서 ①은 차례로 학(鶴)과 흡혈귀(吸血鬼)와 물(水)을 그림으로 나타낸 이집트의 낱말 그림글자이다. ②는 앞에 그림글자를 간결하게 선으로 나타낸 이집트의 시늉글자이다. ③은 페니키아 글자인데 ①, ②의 이집트 그림글자와 비교하면, 상당히 글자의 모양과 선이 다듬어진 것을 한눈에 볼 수 있으며, 시늉글자의 영역을 벗어나 단선화하려는 노력의 흔적이 엿보인다.

지금으로부터 약 6,800년 전에 이집트의 그림글자 이후 많은 나라들이 제 나름대로 글자를 만들어 냈으나 이내 없어지거나 점차로 없어졌거나 앞으로 없어질 글자도 있다. 이와 같이 글자의 수명이 짧은 것은 다른 민족이나 국가의 침략을 당해 없어지는 것도 있지마는 대개는 글자 자체가 불완전하여 자멸되는 글자가 많기 때문이다.

제2절 히브리 글자

1. 히브리족

히브리(Hebrai)족은 유목민이었다. 메소포타미아 평원과 이집트의 고센 초원을 거쳐 시나이 반도와 미디안에 이르기까지 유랑민 생활을 하는 동안 헬레니즘 문화의 영향을 받았다. 저들은 선민(選民)이라는 강한 긍지를 가지고 있으며, 유일신(唯一神) 여호와의 신앙을 확립하여 서구의 문학, 예술, 사상, 법률의 원천이 되었다. 저들은 바빌로니아 쐐기글자와 페니키아 소리글자의 영향을 받아 자형(字形)이 유례(類例)가 없는 특이한 글자를 만들어 냈다. 저들은 이 글자를 가지고 서기 전 950년에 기독교의 경전인 구약성서를 기록하였다. 이것이 히브리 글자로 된 원문(原文)이다. 서기 73년에 로마군의 침입을 당해 예루살렘이 함락되고 나서 세계 각국에 흩어져 살면서 약 2,000년이라는 긴 세월 동안 갖은 학대와 수욕을 받으면서도 조국의 말과 글자를 지켜 온 민족이다.

2. 히브리 글자

히브리 글자는 구약성서에서 보듯이 독특한 자형(字形)을 가진 글자
이다. 마치 올챙이와 같은 모양을 하고 있으며 소리글자이며 뜻글자이
다. 저들은 유목민 생활을 한 까닭이었던지 양의 가죽으로 종이를 만
들어 기록하였으며, '여호와' 라는 이름이 나올 적마다 특별히 금(金)
으로 기록하였다. 이것이 히브리 글자로 된 두루마리 성서이다. 1947
년에 사해(死海)의 서북방 쿰란 지역에서 두루마리 성서가 발굴되었으
며 또 조각들이 발굴되었다.

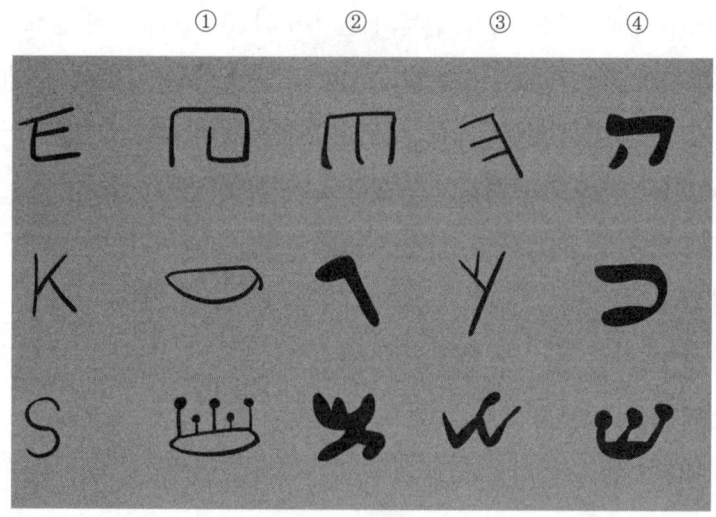

〈그림16〉 히브리의 글자 연구

〈그림16〉에서 ①은 이집트의 낱말 그림글자 미로(迷路)와 사발(碗)과 화원(花園)이다. ②는 이집트의 시늉글자이다. ③은 페니키아 글자이다. ④는 히브리 글자이다. 이 글자는 페니키아 글자의 영향을 많이 받았으며 둥글고 넙죽한 모양은 바빌로니아 쐐기글자의 영향을 받은 듯 하다.

제3절 그리스 글자

1. 그리스

그리스(Greece)는 헬레니즘 문화를 형성하여 문학, 미술, 건축, 사상, 민주주의(아테네 도시)가 일찍이 발생한 나라이며, 서남아시아와 유럽의 문화 형성에 크게 영향을 준 나라이다. 저들이 페니키아 글자를 도입하여 변형하여 만든 것이 그리스 글자이다. 이 글자를 가지고 그리스로마 시대에 '코이네(Koine)'라는 민속말로 기독교의 경전인 신약성서를 기록하였다. 이것이 그리스 글자로 된 원문(原文)이다. 그런데 이집트 글자가 페니키아를 거쳐 그리스에 들어오면서 자형(字形)이 미술적으로 발달하여 세련된 글자의 모양을 비로소 가지게 되었다. 그뿐 아니라 글자다운 체제를 갖추어 글자의 구실을 제대로 하게 된 것이 그리스 글자이다.

2. 그리스 글자

그리스 사람의 예술성은 글자에까지 미쳐서 페니키아 글자보다 아름답게 만들었으며, 이때부터 벌써 큰 글자와 작은 글자를 만들어 사용하였다. 이것이 알파벳의 발달이다. 그리스 사람들은 첫 글자(A)를 '알파(Alpha)'라 읽고 둘째 글자(B)를 '베에타(Beta)'라 읽었는데, 이 두 글자를 붙여서 지금의 알파벳이라는 이름이 만들어지게 된 것이다.

<그림17> 그리스의 글자 연구

<그림17>에서 ①은 페니키아 글자와 이집트 그림글자이며, 독수리 (鷲), 체(篩), 입(口)을 시늉한 글자이다. ②, ③, ④, ⑤는 그리스 글자 연구의 네 단계이다. ③은 큰 글자가 되었고 ⑤는 작은 글자가 되었다. 이 얼마나 글자 연구에 열중하였는가를 알 수 있다. 그러나 ⑤의 글자와

②, ③, ④의 글자는 너무나 대조적이다. 글자는 항상 우리 눈앞에 있으므로 부드럽고 아름다워야 한다. 그런데 페니키아 글자 ①이나 그리스 글자 ②, ③, ④는 글자의 선(線)이 직선과 각선으로 되어 있어 딱딱한 글자이다. ⑤는 글자의 선이 부드럽고 둥글며 균형져서 아름답기 그지 없는 글자이다.

3. 그리스의 알파벳

그리스 학자들이 여러 모양의 글자 연구에 열중한 나머지 작은 글자와 큰 글자의 필요성을 발견하게 되었다. 이것은 글자를 글자답게 편리하게 쓰려는 위대한 발견이었다. 작은 글자는 다음 그림과 같이 아름답고 매력적인 그리스 글자이다. 이집트 글자나 페니키아 글자는 서체(書体)가 없었으나 그리스 글자에서부터 알파벳의 서체가 시작되었으니 이것도 그리스 사람의 위대한 발견이다(〈그림18〉).

그리스의 스물여덟 글자는 소리글자이며 뜻글자이며 나란히(同位) 글자이다. 큰 글자는 홀로이름씨(固有名詞)의 첫 글자로 쓰고 또 문장 제목이나 표제에 쓰며 특정한 기록을 남길 때 쓰는 글자이다. 작은 글자는 일반적으로 문장에 쓰는 글자이다. 이 글자는 기독교 경전에서 보듯이 이미 신약성서를 그리스 글자로 기록하였으며 구약성서도 히브리 글자로 기록된 것을 그리스 글자로 번역하였다. 이제 그리스 글자는 먼 옛 글자가 되고 원문(原文)으로 남게 되었다.

큰 글자	Α Β Γ Δ Ε Ζ Η Θ Ι
작은 글자	α β γ δ ε ζ η θ ι

알파　베타　감마　텔타　엡실론　제타　메타　쎄타　이오타

큰 글자	Κ Λ Μ Ν Ξ Ο Π Ρ Σ
작은 글자	κ λ μ ν ξ ο π ρ ς

카타　람다　뮤　　뉴　크사이　오미크론　파이　로우　시그마

큰 글자	Τ Υ Φ Χ Ψ Ω
작은 글자	τ υ φ χ ψ ω

타우　웁실론　파이　　카이　프사이　오메가

〈그림18〉 그리스의 큰 글자, 작은 글자

제4절 라틴 글자

1. 라틴족

로마의 통일시대 이전에 이탈리아 반도에 소도시 국가 시대가 있었다. 그 중에 라틴(Latin)족은 인도 유럽어족이며 점차 성장하여 로마 통일시대에 핵심이 된 일파(一派)였다. 라틴족은 그리스 글자를 도입하여 라틴 글자를 만들어 내었다. 서기 300년에 라틴말이 세계말로 됨에 따라 라틴 글자도 세계 글자가 되었다. 그런데 서기 380년에 기독교가 로마의 국교가 되면서 서기 385년에 신구약성서가 라틴말과 글자로 다시 번역되었으며, 지금은 먼 옛 글자가 되고 원문(原文)으로 남게 되었다. 이 라틴 글자는 로마 글자라는 이름아래 유럽에 전해지고 북아메리카 대륙에 전해지고 또 남아메리카와 아프리카에 전해지고 인디아와 남양군도에 전해지고 아시아에 전해져서 세계의 표준 글자가 되었다.

2. 라틴 글자

알파벳은 그리스를 통해 라틴족에 전해져서 최종 마무리가 된다. 라틴 글자 또한 소리글자이면서 뜻글자요 나란히(同位)글자이다. 그리스 글자가 본래 미학적인 글자였기 때문에 라틴 글자도 미학적(美學的)인 면을 등한시하지 않았으며, 글자의 선을 다듬는 데도 간결하고 균형을 잃지 않게 공간을 메우려고 한 것을 엿볼 수 있다. 라틴족은 알파벳 완성에 공헌하였으며, 유럽에 전해져 크게 영향을 주었다. 오늘에 와서 라틴말은 죽은 말이 되었으나 글자는 존재하고 있어, 이 글자는 오늘의 로마 글자요, 알파벳 글자이다.

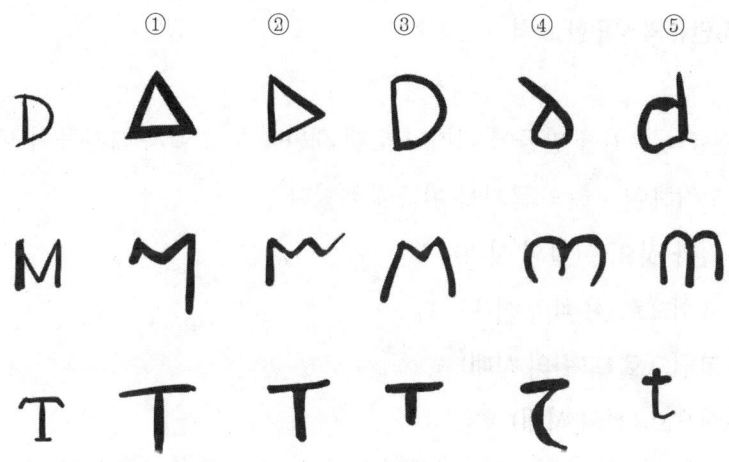

<그림19> 라틴의 글자 연구

<그림19>에서 ①은 본래 이집트의 그림글자를 페니키아에서 변형한 것을 그리스에서 또 변형한 손(手), 올빼미(梟), 굴대(輪索)를 시늉한 글자이다. ②, ③, ④, ⑤는 라틴 글자연구의 네 단계를 말해 준다. 그런데

③은 큰 글자가 되었고 ⑤는 작은 글자가 되었다.

오늘의 알파벳은 앞에서 말한 그리스의 글자연구 과정과 비슷하다. 이렇게 두 나라의 글자 학자들이 대대적으로 글자개혁에 심혈을 쏟았다는 것이 너무나 역력하다. 우리가 여기서 분명히 찾아 볼 수 있는 것은 각형(角形)과 직선(直線)이 원형(圓形)과 곡선(曲線)으로 되면서 운필(運筆)에 편리하게 변혁되었다는 점이다.

3. 인류의 꾸준한 노력

인류는 글자를 만들어 내려고 오랜 세월을 두고 글자 학자들이 꾸준히 노력하여 오늘의 글자를 이룩해 놓았다.

- 말과 짓으로 (말의 시대)
- 표식으로 (표식의 시대)
- 그림으로 (그림의 시대)
- 선으로 (선의 시대)

위와 같은 과정을 거쳐서 오늘과 같은 선(線)으로 된 글자를 만들어 말을 보존하며 '글자말'을 가지게 되었다. 글자는 인류의 생활에 너무나 소중하다. 그러나 사람의 지혜가 고도로 발달하면서 글자답지 못한 글자는 자연히 도태(淘汰)되어 많이 없어졌으며, 오는 시대에도 많은 글자들이 외면당하고 없어질 것이다. 오늘의 서양의 알파벳은 이집트의 시늉글자가 여러 나라의 글자 학자들의 손을 거쳐서 완성되었다.

여기서 말해 두고 싶은 것은 우리나라 한글도 동양의 알파벳이, 아니 지구촌이 공용하는 글자가 되도록 연구하고 또 해서 가장 이상적인 글자로 만들어야 하겠다.

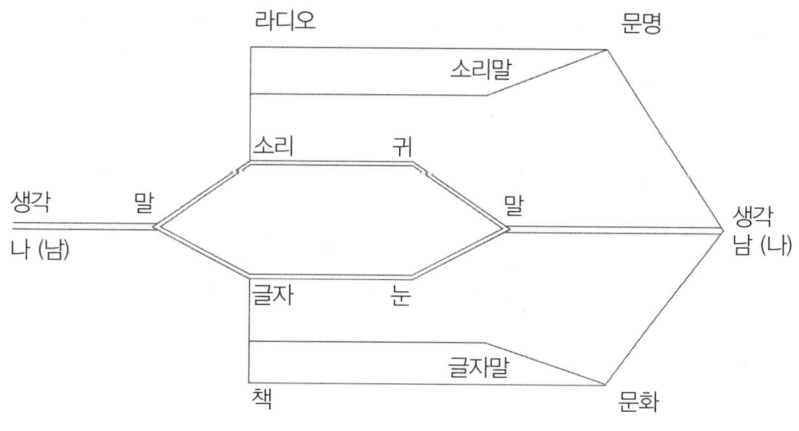

〈그림20〉 문화와 문명의 생활도

4. 글자의 보존

옛 사람들이 말을 보존하려고 글자 창제에 애를 썼으나 오늘과 같은 글자를 보지 못하였다. 그러나 오늘에 와서는 그 많은 글자를 보존하는 일이 글자의 창제에 못지않게 창안되어야 한다. 세계에 많은 책들이 있어 산더미 같으며 오랜 세월에 종이가 변질되어 부서지고 소멸될

위험성을 지니고 있어서 글자의 보존이 오늘의 과제이다. 종이가 발명되기 전에 이집트 사람은 글자를 돌에 새겼으며, 바빌로니아 사람은 글자를 흙판에 새겨 두었으며, 히브리 사람은 유목민으로 양의 가죽에서 기름을 빼고 그 위에 글자를 썼으며, 중국 사람은 거북의 등뼈나 쇠뼈에 글자를 새기거나 대쪽을 가죽 끈으로 꿰어 엮어 놓고 그 위에 글자를 써서 보존하였다.

그러므로 한자의 '책(册)' 이라는 글자만 보아도 어떠한 방식으로 보존되었는가를 알 수 있다. 그런데 글자의 인쇄술은 목각(木刻) 인쇄에서 주자(鑄字) 인쇄로 발달하였고, 현대에 와서는 사진식자(植字)법이 발명되어 경제적이고 능률적이어서 인쇄문화에 크게 공헌하고 있다.

제5절 글자의 문제점

1. 한 소리 한 글자

우리나라의 한글은 철음(綴音)할 때 닿소리 다음에 반드시 홀소리가 놓이고 받침이 붙을 때는 반드시 홀소리 다음에 놓이며 꼭 규칙적이다. 어떠한 새 말이 생길지라도 이와 같은 규칙 아래 누구나 낱말을 철음할 수 있어서 편리한 글자이다. 더구나 한글은 한 소리 한 글자여서 읽기에 편리하고 적기에 편리한 글자이다. 겹홀소리는 아무리 두 세 글자가 병서되더라도 소리는 하나로 발음되는 글자이다.

　①　　　　　②　　　　　③
ㅅㅐㅁㅏㅇㅜㄹ　ㅇㅜㄴㄷㅗㅇ (새마을 운동)

위의 ①은 겹홀소리이다. ①의 경우 'ㅐ+ㅣ'이지마는 한 글자가 아니요 두 글자로 각각 독립된 글자로 보아야 한다. 그 까닭은 기본소리요 기본글자인 두 글자가 철음된 것이지 한 글자가 아니다. 그리고 첫소리 ②, ③의 'ㅇ'이 홀소리 앞에 놓일 때 형식적이고 발음상으로 아무 뜻이 없는 글자라 하여 빼버려서는 안된다.

2. 소리의 결함

알파벳은 글자 하나가 많은 소리를 내는 것이 큰 결함이다. 글자의 원리에서 말하면 글자는 한 소리 한 글자가 가장 이상적이다.

A = ㅏ , ㅓ , ㅗ , ㅔ , ㅐ , ㅔ: ㅡ

E = ㅣ , ㅑ:, ㅔ , ㅓ: ㅡ

I = ㅣ , ㅑ:, ㅏ

O = ㅗ , ㅗ:, ㅏ , ㅓ , ㅜ , ㅜ: ㅡ

U = ㅜ , ㅓ , ㅏ , ㅜ:, ㅠ , ㅠ: ㅡ

C = ㅆ, ㅋ, ㅎ

G = ㄱ, ㅈ

S = ㅅ, ㅈ

위와 같이 한 글자가 여러 소리를 내기 때문에 그 언어 사회에 살지 않고는 책만 가지고는 정확히 발음할 수 없는 불편한 글자이다. 그러나 한글은 한 소리 한 글자이며 읽고 적기에 편리한 글자이다. 독일의 학자 에카르르는 말하기를

"만일 사람이 글자와 말에서 한 민족의 문화 정도를 측정한다고 하면 한국 민족이 이 지구상에 있어서 제1위의 지

위에 설 것이다."

일본의 학자 가네사와는 말하기를

"한글은 세계 글자 중 가장 새로운 것의 하나로서 한자
(漢字)나 가나(假名)와 달리 순연한 알파벳식의 표음글자
이다. 세계의 글자 중에 유례없는 특종의 구조를 가지고
있다. 그것은 음성을 과학적으로 분류하여 같은 종류의
음성을 표하는 글자는 동일한 기초글자에서 순차로 발달
시킨 글자이다."

한글은 홀소리가 풍부하고 닿소리는 발음기관의 시늉에 의해 갖가
지 소리로 되었기 때문에 소리가 또한 풍부한 글자이다. 알파벳은 최
초부터 홀소리와 닿소리를 의식적으로 창제한 것이 아니며, 이집트 그
림글자로서 뜻만을 가지고 의사(意事)를 소통하다가 그 후에 과학적
조직과 운영의 작업 중에서 찾아 놓은 홀소리이다. 알파벳은 이러한
견해로 볼 때 앞에서와 같이 홀소리 한 글자가 여러 소리를 가지고 있
어 읽고 적기에 불편한 글자이다.

3. 자형의 문제점

알파벳 글자는 그 선(線)이 간결하면서도 글자의 분별이 확실하게 된 글자이다. 그러나 분별이 어려운 글자가 있으니 필기체의 몇 글자들이다.

h 와 k, g 와 z, e 와 ℓ, $\mathcal{O}$ 와 $\mathcal{Q}$, $\mathcal{B}$ 와 $\mathcal{R}$

위의 글자들은 선 하나 차이로 분별이 되며 곡선(曲線)에 따라 분별이 된다. 그런데 위의 글자는 물론 선의 구별이 되어 있지만 그 모양이 비슷한 데서 혼란을 가져오는 글자이다. 이 같은 결함은 알파벳뿐만이 아니라 한글에도 있다.

ㅗ, ㅜ, ㅛ, ㅠ (•̱ , •̄ , ••̱ , ••̄)

이 네 홀소리의 점(.)에서 문제가 되는 것은, 낱말 철자를 동위화(同位化)한다면 문제가 되지 않지만, 현재와 같이 육계(六階)방식에 의해 철자한다면, 이 네 홀소리의 점(.)의 문제는 늘 있을 것이다. 가령 다음과 같은 글자는 멀리서 보면 가운데 놓인 점(.)이 그어져 있는지 없는지 확실하지 않아서 딴 글자로 읽게 된다.

'돌' 이 '들' 로 보이고

'눔' 이 '늠' 으로 보이고

'용' 이 '옹' 으로 보이고

'귤' 이 '굴' 로 보이고

위의 네 홀소리의 점을 확실히 하려고 해도 가뜩이나 네모(   )속에 선을 많이 긋다보니 확실하지 않게 되는 결함을 가지고 있다.

4. 어두운 글자

알파벳은 곡선(曲線)이 많고 한글은 각선(角線)이 많은 것이 대조적이다. 공통된 것은 단선(單線)으로 되었다는 점이다. 그러나 알파벳과 한글에서 그 선이 명확하지 못한 글자도 있다.

'm' = mummer

위의 엠(m) 선은 더블유(W)의 선처럼 굵고 가는 선으로 조화시킬 수 없고 굵게만 내려 그어져서 글자가 겹칠 때는 딴 글자보다 까맣게 어둡고 명확하지 못하다. 또한 한글도 그러하다.

'ㄹ' = 를

'ㄹㄱ' = 굵

'ㄹㅎ' = 꿇

'ㄹㅂ' = 짧

    한글 '리을(ㄹ)'의 선도 알파벳의 'm'과 같이 까맣게 어둡고 명확하
지 못하다. 또한 (ㄹㄱ)이나 (ㄹㅎ)이나 (ㄹㅂ) 따위 받침이 달린 글자도 까맣
게 어두운 글자이다. 그러나 한글의 철자를 동위화하면 선이 명확한
글자가 될 수 있다.

제1절 한자의 기원과 서체

1. 중화민국

    중화민국은 황하(黃河)강 유역 황토지대에서 촌락을 이루어 시작된 농경민(農耕民)이었다. 은(殷)나라 건국을 전후하여 갑골(甲骨)글자를 만들어 점정(占政)을 시작하였다. 은나라의 수도였던 하남성 안양현 소둔촌(小屯村) 은나라 터에서 거북의 등뼈와 짐승의 뼈가 발굴되었는데 이 뼈에는 은나라 때 왕실의 기록이 남아 있어서 한자의 옛글자를 말해 주며 이는 중화민국이 아득한 옛부터 글자를 가지고 살았다는 증거가 되는 것이다. 그 후 한(漢)나라 통일시대에 채륜(蔡倫)이 종이 만드는 법을 발명함으로서 한나라의 문화는 비약했으며 동북아시아 여러 민족에게 크게 영향을 주었다.

2. 한자의 기원

한자(漢字)의 기원은 황제(黃帝) 시대의 창갈(蒼頡)이 새의 발자국을 보고 동기가 되어 글자를 발명해 냈다고 한다. 그 글자가 어떤 모양의 글자인지는 전해오지 않으나 창갈은 기원전 2,700년경의 사람이다. 그 후 주(周)나라 때는 이미 글자를 가졌었으니 주나라 때에 그만한 글자를 사용하였다고 하면 창갈에 대한 글자 발명설을 의심하지 않는다. 그것은 주시대의 금(金)글자 모양이 새의 발자국 모양과 흡사하기 때문이다. 또는 복희(伏羲)가 만든 팔괘(八卦)를 변형 발달시켜서 네모의 한자를 만들었다는 팔괘설도 있다. 또는 용서(龍書; 팔괘를 높여 하는 말), 귀서(龜書), 종정(鐘鼎), 해엽(薤葉)이니 하여 글자의 기원을 말하지만, 한자의 기원을 갑골(甲骨)글자로 볼 수밖에 없음은 아직 발굴된 글자가 그 이상 없기 때문이다.

3. 한자의 영향

세계의 글자를 크게 나누어 보면 이집트의 그림글자와 바빌로니아의 쐐기글자와 중국의 한자와 한국의 한글이다. 이 네 글자가 아시아에서 발생하였다. 이집트의 글자는 아시아 서남부와 유럽과 아메리카 대륙에 크게 영향을 주었다. 바빌로니아의 쐐기글자는 아시아의 서남부 일부에 영향을 주었으나 크게 주지 못하였다. 중국의 한자는 아시아 동남부에 크게 영향을 주었다. 그러나 이 한자를 도입한 나라들은 한자가 너무 불편하므로 한자에서 탈화(脫化)하려고 제 나라 나름의 글자를 창작하였다.

안남(安南)은 한자를 도입하여 어떤 변혁도 없이 한자 그대로 사용하였으나 서하(西夏)와 거란(契丹)과 여진(女眞)과 나과(玀猓)는 한자를 도입하여 획을 긋는 모양을 달리하거나 줄이거나 하여 제 나라 나름대로의 글자를 창작하였다. 그 중에도 나과의 글자는 한자와는 사뭇 다르게 교묘하게 창작된 글자이다. 나과라는 인종은 청(淸)나라의 사천성 남부와 운남성에 살고 있었다. 한국은 오늘도 한자의 획 하나 변하지 않고 진서(眞書)라는 사고방식을 가지고 있으나 일본은 한자의 약자(略字)를 만들어 쓰고 있다.

4. 서체의 발달

우리가 한자(漢字)에서 의문을 가지는 것은 서체(書体)는 여러 가지로 발달했으나 글자의 근본 문제인 단선화 문제에 대해서는 일체 생각해 본 흔적이 없다는 것이다. 인류의 생활이 시간과 공간이 단축되고 기계화되며 인구가 팽창하면서 글자의 중요성과 역할이 오늘날과 같이 확대될 것을 미처 생각하지 못하였다. 다시 말해서 한자는 과학적 근거가 없이 창제되고 발달하였다는 것이다. 한자의 서체는 고문(古文), 기문(奇文), 전서(篆書), 예서(隷書), 무전(繆篆), 충서(蟲書) 따위가 있다. 고문은 올챙이 글자라고 한다. 기문도 올챙이 글자와 같으며 전서에는 큰 전서와 작은 전서가 있다. 큰 전서는 주(周)나라 선왕(宣王) 때 태사주(太史籒)가 만들어냈으며 전국(戰國) 때 사용하였다. 또 작은 전서는 이사(李斯), 조고(趙高), 호모경(胡母敬) 등이 만들었다. 전서에는 큰 전서와 작은 전서 외에 무전(繆篆), 조전(鳥篆), 주전(籀篆), 진전(秦篆), 초전(草篆)이 있어 여섯 종류의 전서가 있다. 예서는 진(秦)나라 옥리(獄吏)였던 정막(程邈)이 작은 전서를 간략하게 하여 만든 글자이다. 지금의 해서(楷書)는 후한(後漢) 때 왕차중(王次仲)이 예서를 변형하여 글자의 획을 직선화하고 네모의 글자로 만들어 널리 씌어져 이 때부터 한자라고 부르게 되었다. 무전은 구불구불하여 도장을 새길 때 사용하는 글자이다. 충서는 진나라 때 만든 글자로 벌레가 갉아 먹은 자국과 같은 글자이다. 복희(伏羲)가 만든 팔괘는 그 후 주나라 문왕(文王)이 64괘로 발달시켜 각 괘를 설명하는 괘사(掛辭)를 달았다는 것이다(〈그림21〉).

건(乾)	태(兌)	리(離)	진(震)	손(巽)	감(坎)	간(艮)	곤(坤)
하늘 (양) 서북쪽	기쁨 (못) 서쪽	밝음 (형통) 남쪽	움직임 (봄) 동쪽	턱 (부드러움) 동남쪽	구덩이 (물) 북쪽	머무름 (오전2-4시) 동북쪽	땅 (음) 서남쪽

〈그림21〉 팔괘

초서(草書)는 한(漢)나라 사유(史遊)가 처음으로 만들어 냈으며, 유덕승(劉德升)이 행서(行書)를 만들어 냈는데, 행서는 초서와 해서의 중간이 되는 글자이다. 그리고 진나라와 한나라 시대에는 공문(公文)에 전서를 사용하게 하고, 사서(私書)에는 예서를 사용하게 하였다. 예서는 다시 해서로 변하였으니 지금의 인쇄체 한자이며 한껏 발달하였다. 앞에서 말했듯이 한자는 미술적 서체로만 발달하고 과학적으로는 외면하였으니 이것이 오늘의 한자를 쇠망하게 만든 원인이 되었다. 초서는 필기체를 말하는 것이다. 그러나 초서는 너무 어려워서 일반인들은 해서를 쓰고 있으며 한자는 해서에 와서 정착된 글자이다.

제2절 한자의 종류와 문제점

1. 한자의 종류

한자는 시늉글자로 시작되었다. 10만여 글자가 되는 한자는 시늉글자를 기본으로 하여 만들었다. 송(宋)나라의 고증학자 정초(鄭樵)의 문서략(文書略)에 의하면 24,235자 중에 해성(諧声)이 21,810자로 최다수를 점령하고, 지사(指事)가 107자로 최소수다. 문서략에 의하면 다음과 같다.

상형 608
지사 107
회의 740
해성 21,810
전주 372
가차 598

합쳐서 24,235 글자이다. 한(漢)나라 허신(許愼)의 설문해자(說文解字)에는 9,353 글자라 하였고, 양(梁)나라 고야왕(顧野王)의 옥편(玉篇)

에는 16,917 글자라 하였다. 수(隋)나라 육법언(陸法言)의 광운(廣韻)에는 26,194 글자라 하였고, 송(宋)나라 정도(丁度)의 집운(集韻)에는 23,525 글자라 하였다. 명(明)나라 송경겸(宋景兼)의 편해유찬(篇海類纂)에는 38,400 글자라 하였고, 같은 명대(明代)의 매응조(梅膺祚)의 자휘(字彙)에는 33,179 글자라 하였는데, 이어 속보(續補)의 12,371 글자를 합쳐서 45,550 글자가 되었다. 청(淸)나라 성조 때 강희 55년에 칙령으로 편찬된 강희자전(康熙字典)에는 39,753 글자라 하였는데 이어 보조비고(補造備考)의 7,463 글자를 합쳐서 47,216 글자가 된다. 그러나 한자는 10만 글자가 된다. 그 종류를 나누어 보면 다음과 같다.

(1) 상형 글자
한자는 90%가 상형(象形)에 소리를 합해 만든 글자이다. 상형이라는 말은 〈시늉〉이라는 말이며 그림이라는 말과는 다르다. 사물의 형상을 시늉하여 만든 글자이므로 시늉글자라 한다.

- 木(나무), 鳥(새), 弓(활), 糸(실), 竹(대)
- 魚(고기), 山(뫼), 人(사람), 馬(말), 火(불)
- 虫(벌레), 川(내), 羽(깃), 田(밭), 羊(양)

위의 글자는 첫눈에 어떤 동물이나 식물을 시늉한 글자인 것을 직감할 수 있다. 여기서 다시 말해 두는 것은 이집트의 옛 글자는 그림글자

시대에서 시늉글자로 발달하였고 중국의 옛 글자는 시늉글자 시대에 만들어진 글자이므로 그림글자 시대가 없다.

(2) 지사 글자

지사(指事)글자는 유형, 무형의 사물을 가리키는 글자이다. 한자 중에 수량이 가장 적은 글자이다.

上 凸 中 凹 下 一 二 三

위의 글자들처럼 글자의 모양이 바로 그 뜻을 나타내는 글자를 지사 글자라 한다.

(3) 회의 글자

둘 이상의 글자를 합쳐서 한 글자를 만들고, 그 뜻도 합쳐서 딴 뜻이 되는 글자를 회의(會意) 글자라 한다.

鳴 仙 森 明 信 東 好

회의 글자는 한자 중에 해성 다음으로 많은 수량을 가진 글자이다.

(4) 해성 글자

둘 이상의 글자를 합쳐서 한 글자를 만들고, 한 쪽은 뜻을 나타내고, 또 한 쪽은 소리를 나타내는 것을 해성(諧聲) 글자라 한다. 그 종류는 다음과 같다

- 오른쪽은 시늉글자요, 왼쪽은 소리를 나타내는 글자

  鷗 功, 敲, 歙, 瓢, 群
- 왼쪽은 시늉글사요, 오른쪽은 소리를 나타내는 글자

  傃, 蜒, 騨, 磏, 跳, 鎮
- 위쪽은 시늉글자요, 아래쪽은 소리를 나타내는 글자

  勎, 瘴, 竄, 葯, 霎, 嶺, 晟
- 아래쪽은 시늉글자요, 윗쪽은 소리를 나타내는 글자

  婆, 綦, 堡, 磬, 憙, 鞦, 燙
- 바깥쪽은 시늉글자요, 안쪽은 소리를 나타내는 글자

  閣, 囿, 閨, 圈, 匪, 闊
- 안쪽은 시늉글자요, 바깥쪽은 소리를 나타내는 글자

  衡, 御, 衍, 術, 術, 徜, 衎

위의 여섯 종류의 글자는 모두 시늉글자가 없이는 글자가 되지 않았다. 그리고 글자를 구성함에 있어 '변(辺)'이라는 것이 있어 중심이 되었다. 이 '변' 중에는 왼쪽에 있는 '변'이 한자의 70%를 차지하고 있

다. 글자는 왼쪽에서 바른쪽으로 써 나아가는 것이 자연스럽고 편리하다는 것을 증명해 주는 것이다.

(5) 전주 글자

같은 글자를 다른 뜻으로 돌려쓰는 것을 전주(轉註)글자라 한다.

- 便(편, 변) 樂(악, 락) 狀(상, 장) 省(생, 성)
- 降(강, 항) 易(역, 이) 切(절, 체) 差(차, 치)
- 惡(악, 오) 車(차, 거) 殺(살, 쇄) 辰(신, 진)
- 更(경, 갱) 數(수, 삭, 촉) 食(식, 사, 이)

위의 글자는 어떤 경우에 소리관계상 적당하지 못할 때 이미 있는 글자를 가지고 소리를 바꾸고 뜻도 바꾸는 것이다. 예를 들어 '貿易' (무역)이라 할 때는 '역'으로 소리를 내고, '容易' (용이)라고 할 때는 '이'로 소리를 내는 것과 같다. 또 한 가지는 글자의 획을 조금 다르게 하여 딴 뜻으로 쓰는 글자도 있다

- 老(로) 孝(효) 考(고)

위의 첫 번째 글자는 '늙을 로'이다. 세 글자는 약간의 획(선)을 달리하여 아주 딴 뜻의 글자가 된다.

(6) 가차 글자

사람 이름이나 도시 이름이나 나라 이름을 적을 때 적당한 글자가
없어서 뜻은 다르지만 그 소리를 빌어서 쓰는 것을 가차(假借) 글자라
한다.

- 나라 이름: 土耳其(터어키), 佛蘭西(프랑스), 英吉利(잉글랜드), 瑞
典(스웨덴), 丁抹(덴마아크)
- 도시 이름: 伯林(베를린) 倫敦(린딘), 大連(따롄), 東京城(둥징청),
巴里(파리), 羅馬(로마)
- 사람 이름: 沙翁(셰익스피어), 亞扁薛羅(아펜젤러), 元杜尤(언더우
드), 施蘭敦(스크랜톤)

2. 한자의 소리

한자는 그 하나가 낱말이 되고 또 두 글자 이상을 합쳐서 낱말이 되
고 뜻을 지니고 있다. 그리고 한자의 소리를 내는 데는 네 가지 종류가
있으니 다음과 같다.

① 漠, 僖, 榯, 篥, 綜, 蠅, 爡
② 浜, 信, 茸, 鮮, 柚, 閤
③ 戌, 窘, 筊, 蔞, 庳, 屎, 病

④ 弄, 盪, 遠, 婆, 努, 坐

위의 글자는 두 글자를 합쳐서 만든 글자이다. ①의 다섯 번째 글자의 경우에는 시늉글자 '糸'에다 '宗'을 합쳐서 '綜'이라는 글자가 되었다. 그런데 이 글자의 소리는 '宗'이라는 글자의 소리를 내고 '糸'의 소리는 내지 않는다. 그러나 ②의 네 번째 글자의 경우에는 시늉글자 '魚'에다 '羊'을 합쳐서 '鮮'이라는 글자가 되었다. 그런데 이 글자의 소리는 아주 딴 소리를 내게 된다. 곧 '羊(양)'이라는 소리를 내지 않고 '鮮(선)'이라는 소리를 낸다. ③의 세 번째 글자의 경우에는 시늉글자 '竹' 밑에 '奴'를 합쳐서 '笯'라는 글자가 되었다. 그런데 이 글자의 소리는 밑의 '奴(노)'라는 소리를 낸다. ④의 두 번째 글자의 경우에는 시늉글자 '皿'에다 위에 '湯'을 합쳐서 '盪'이라는 글자가 되었다. 그런데 이 글자의 소리는 위의 '湯(탕)'이라는 소리를 낸다.

3. 한자의 문제점

사유(史遊)가 만든 초서는 한 끈에 써 나아가는 편리함이 있어 질서가 진보되었다. 그러나 알파벳과 비교하면 초서로 흘려 쓴다고 해도 그다지 빠르지 못하다. 또한 왕차중(王次仲)이 구부러진 획을 직선화하여 해서를 만들었으나 역시 빠르지 못하다. 한자는 서체만 발달하고 단선화하지 못했다. 그러므로 이상적인 질서를 가질 수 없는 글자이다. 이제 한자의 고질적인 결함을 몇 가지 들고자 한다.

(1) 종서의 결함

한서(漢書)는 모두 철칙처럼 종서로 되었다. 종서(縱書)는 붓으로 쓸 때 먹이나 잉크가 주먹 밑에 묻고, 글자가 흐려지고 손에 가려져서 다음 글줄에 대한 뜻의 연결을 얼른 알 수 없는 결함이 있으며, 종서는 횡서(橫書)보다 같은 훗수의 글자라도 작게 보인다. 이제 이를 실제로 실험해 본다면 성십사형의 물체를 세우고 좀 떨어져서 보면 기로보다 세로가 가늘게 보이는 것이다. 이 같은 이치로 종서보다 횡서가 더 크게 보이고 읽기에 편리하다. 이는 심리학적 착각(錯覺)에서 오는 것이며 활자를 만들 때 종선은 굵게 하고 횡선은 가늘게 하는 이치가 여기에 있다.

(2) 생리적 결함

한자는 획이 많고 직선(直線)과 각선(角線)이 많으며 글씨를 쓰자면 펜 끝을 수없이 띄었다, 이었다 하여 민속(敏速)한 질서를 가질 수 없는 것이 한자의 생리적 결함이다. 마치 기차가 궤도를 달리는 것과 같이 펜 끝이 지면을 지체 없이 달려야 시간이 절약된다. 글자가 바퀴라면 알파벳은 둥근 바퀴요 한자는 네모 바퀴라고 하여도 틀린 말이 아니다.

	각선과 원선의 비교
알파벳	○ ○ ○ ○ ○ ○ ○ ○ ○ ○
한자	□ □ □ □ □ □ □ □ □ □

위의 그림과 같이 알파벳은 원선(圓扇)으로 둥글게 만든 글자여서 바퀴가 구르듯이 적혀 나아간다. 그러나 네모의 한자는 각선을 긋고 또 긋느라고 빠르게 적혀 나아가지 못한다. 사람은 누구나 길을 가도 돌아서 가지 아니하고 지름길로 가려는 것은 시간과 에너지를 절약하려는 심리에서 오는 본능이다. 한자의 약자(略字)도 이 까닭에 만들어 쓰는 것이다.

體(体), 蠶(蚕), 歷(歴), 寶(宝), 舊(旧), 號(号),

萬(万), 錢(戋), 處(処), 實(実), 國(口),

擧(挙), 澤(沢), 勵(侣), 學(学)

약자는 획이 적은 것이 특색이다. 편리하고 빠르게 쓰자는 것이다. 현대인으로 추구해야 할 글자 과학이다.

(3) 철자의 결함

한자는 철자(綴字)부터가 과학화할 수 없는 글자이다. 우리 한글도 그 영향을 받아 과학화에 애로가 있으나 한자보다는 훨씬 유리한 점이 많다. 철자의 결함으로 인하여 한자(漢字)는 물론, 우리 한글 타자(打字)에서 일어나는 비과학성을 경험하고도 남는다

철자의 종류
횡철 鳥①   鷬②   榯③

종철 罌④   轟⑤   䨩⑥

위의 보기와 같이 한자의 철자는 크게 나눠서 횡철(橫綴)한 글자와 종철(縱綴)한 글자이다. ①은 글자 하나요, ②는 두 글자를 가로로 쓴 글자요, ③은 세 글자를 가로로 쓴 글자이다. ④는 두 글자를 세로로 쓴 글자요, ⑤는 글자를 세로로 쓰되 밑에서 또 가로로 쓴 글자요, ⑥은 가로도 쓰고 세로도 쓴 글자이다. 알파벳은 소리글자를 가로로 나란히 철자한 뜻글자이므로 그 낱말을 헤치면 소리글자 그대로 분석이 되지만, 한자는 직선과 각선을 종횡으로 어수선하게 철자한 글자이므로 알파벳처럼 단선화된 소리글자를 나란히 철자하는 글자도 아니어서 타자기의 제작이 불가능하고, 10만 글자나 되는 것을 타자기에 넣을 수도 없는 큰 결함을 가진 글자이다.

4. 한자를 모두 로마글자로

한자(漢字) 안 쓰기를 시도(試圖)한 중국은 1975년 9월 1일부터 북방에 위치한 위구르 족(族)과 카자크 족으로 하여금 로마 글자로 표준말을 적도록 하여 교육의 효과를 보았다. 앞에서도 말했듯이 한자는 비과학적인 글자요 중국 본토에서 네모귀신이라는 별명이 붙어 있는 글자였으니, 한자의 원산지(原産地)인 중국에서 한자 안 쓰기 혁명이 일어난 것은 당연한 일이었다.

주은래(周恩來) 수상이 ① 한자의 간소화, ② 표준말 보급, ③ 한어(漢語)의 표음화 등을 목표로 하였으나, 원체 넓은 국토에 북방어, 북경어, 천진어, 산동어, 산서어, 동북 및 사천어 등의 여섯 종류의 말이 있어 복잡한 언어 사회였다. 이 때에 주음(注音) 글자도 창안되었으나 실효를 거두지 못했다.

그런데 우리 한국은 그 훌륭한 한글(正音)이 있음에도 불구하고 한자의 종주국(宗主國)이라 하여 하늘 같이 받들며 사대주의 사상이 싹트고 자립성을 잃게 되었다. 더욱이 조선조 시대가 그러했다. 최만리(崔萬里) 같은 한학자(漢學者)는 세종대왕의 한글창제에 극구(極口) 반대하여 상소문까지 올렸으나 벌(罰)하지 않은 어진 임금이었다. 훈민정음 서문 첫머리에 〈國之語音 異乎中國〉이라 하여 〈우리나라 말이 중국과 다르다〉 함은 우리말에 맞는 글자가 있어야 한다는 뜻이고 자주(自主)하는 정신을 나타내었다.

중국은 그 불편한 한자(漢字)를 안 쓰고 주음(注音) 글자를 창안하여 알파벳식(式)의 놀라운 글자 혁명이 있었다(〈그림22〉). 그러나 실효를 거두지 못한 까닭은 중국 사람의 사고(思考)방식이 하루아침에 바뀔 수 없었고, 주음(主音) 글자 자체가 옛날의 한자에서 어느 획( )을 따내서 만든 글자이기 때문에 각석(角線)이 많고 보기에 부드럽지 못하고 딱딱한 글자여서 새로운 글자가 못되었다. 주은래(周恩來) 수상 때 한자 안 쓰기를 시도해 보았으나 실패로 돌아갔다.

알파벳은 오랜 세월을 두고 여러 나라들이 변혁에 변혁을 더하여 오늘의 세계적인 글자가 되었으나 한자(漢字)만은 그렇지 못했으니, 글자의 철음(綴音)이 비과학적인 글자이기 때문이었다.

注音字母　草書體

〈그림22〉 중국의 글자 혁명 – 주음자모

제1절 한글 이전의 글자

1. 한국 민족

 한국은 아시아 동북부에 위치한 반도의 나라이다. 언어는 우랄알타이(Ural altie) 어족에 속하여 5,000년의 역사를 가졌다. 태백산맥이 남으로 뻗어 산수가 아름다운 나라이다. 문화는 중국, 몽고, 퉁구스(Tungus) 족의 영향을 받았으나 그 중에도 중국 한자문화의 영향이 더욱 컸다. 그러나 한자문화에서 탈화(脫化)하려고 향찰(鄕札)을 창작해 내고 이토(吏吐)를 창작하여 냈으나 한자에 눌려 실용화하지 못하다가, 마침내는 조선조(朝鮮朝)에 이르러 세종(卋宗)대왕이 소리글자 '한글'을 창제하여 1446년 10월 9일 반포함에 이른 것이다. 한글의 스물여덟 글자는 세계 글자 중에 우수한 글자로서 알파벳의 결함을 보충하고도 남는 글자이다.

2. 향찰

향찰은 한자의 소리와 뜻을 빌어서 말소리를 적는 표음식의 글자였으므로 창작된 글자는 아니었고 한자로 말을 적는 하나의 편법(便法)에 지나지 않았다. 그러나 우리는 여기서 신라(新羅)시대에 한자를 대하는 자세 곧 글자를 창작해 내려는 정신을 엿볼 수 있다.

東京明期月 良
夜入伊遊行如可
入良沙寢矣見昆
脚烏伊四是良羅
二肹隱吾下於叱古
二肹隱誰支下焉古
本矣吾下是如馬於
奪叱良乙何如爲理古隱

위의 향가(鄕歌)는 표음식의 향찰로 적은 신라의 49대 헌강왕(憲康王) 때의 처용가(處容歌)(서기 875~866)이다. 비록 한자로 적기는 하였으나 글자의 뜻으로 문장을 해석하는 것이 아니고 신라시대의 말소리를 표음식으로 적어 놓은 향가이다. 이 노래를 한글로 옮겨보면 다음과 같다.

동경 밝은 달에

밤들이 노니다가

들어서 자리에 보니

가랑이 넷이어라

두흘은 내 해었고

두흘은 누기 핸고

본디 내 해이지마는

빼아슴을 어찌 하릿고

우리는 향가에 전해 오는 향찰을 보고 오늘의 '한글' 이 소리글자로 창제된 것이 우연한 일이 아니라고 생각된다. 선인(先人)들에게는 벌써 소리글자에 대한 사상이 싹트고 있어서 한자 문화에 은근히 도전해 왔음을 엿볼 수 있고 신라 때 학자들의 고민이 한자였다.

3. 이토

이토 글자는 신라 때 향찰 계통의 글자이다. 신라 초기에는 한자를 가지고 표음적 방식으로 적어보았으나 이것이 읽고 쓰기에 너무 불편하므로 토(吐)로만 사용하게 되었고 그 명칭을 이토(吏吐)라 하였으며 관리들이 공문서를 쓸 때 읽기에 편리하도록 뜻말에 이토를 달아 쓰게 하였다. 이제 향찰이 발전하여 이토 글자에 이른 것이다. 그러나 이토 또한 향찰이나 다름이 없는 글자이다.

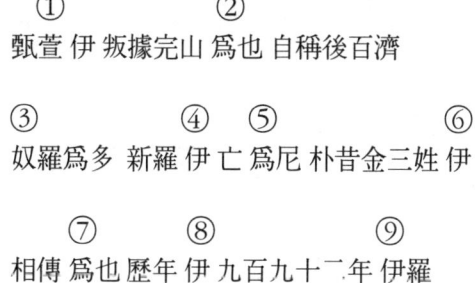

위의 이토 글자는 동몽선습(童蒙先習)에서 가져온 한 조각이다. ①, ④, ⑥, ⑧은 '이'이요, ②, ⑦은 '하야'이요, ③은 '로라하다'이요, ⑤는 '하니'이요, ⑨는 '이라'이다. 이토 글자는 토씨를 적는 데만 사용되었으니 한자에 종속된 부속물에 지나지 않았다. 이 같은 사상이 한글에 미친 영향은 컸다.

4. 이토 글자의 간선화

이토 글자에 일대 변혁이 있어났다. 그것은 한자에서 탈화하여 그 많고 복잡하게 생긴 획(劃)을 간선화(間選化)하여 글자를 창작해 내었으나 이집트나 페니키아 사람들이 글자를 단선화(單線化)한 것처럼은 못하였다. 글자의 원리에서 볼 때 창작 사상이 놀랍다고 하겠으나 이토 글자는 한자(漢字)에서 어느 부분(部分)을 따다가 만든 글자요 이름 그대로 토(吐)로만 썼기 때문에 대중화되지 못하였으니 글자란 사람의 말을 적기 위해 창안되었고 존재하는 것이다.

이토글자의 간선화					
爲也	① ソフ	하야	是羅	④ ヘ㑒	이라
爲古	② ソロ	하고	是旀	⑤ ヘ㫆	이며
爲尼	③ ソヒ	하니	是尼	⑥ ヘヒ	이니

위의 이토 글자 ①은 '하야'를 '爲也'로 적던 것을 'ソフ'로 간선화하였고 ②는 '하고'를 '爲古'로 적던 것을 'ソロ'로 간선화하였고 ③은 '하니'를 '爲尼'로 적던 것을 'ソヒ'로 간선화하였고 ④는 '이라'를 '是羅'로 적던 것을 'ヘ㑒'로 간선화하였고 ⑤는 '이며'를 '是旀'로 적던 것을 'ヘ㫆'로 간선화하였고 ⑥은 '이니'를 '是尼'로 적던 것을 'ヘヒ'로 간선화하였다.

이 같은 간선화 사상은 높이 평가돼야 한다. 그러나 글자를 간선화했다고 해서 완전한 글자가 되는 것이 아니다. 그 글자를 부리(運用)는데 편리한 글자가 아니면 그 수명이 짧다.

위의 간선화한 이토글자 ①의 'ソフ'는 간선화한 두 음절 글자로 'ソ'와 'フ'에는 각각 홀소리 'ㅏ'와 'ㅑ' 소리가 곁들어 있으며, ②의 'ソロ'는 간선화한 두 글자로 'ソ'와 'ロ'에는 각각 홀소리 'ㅏ'와

'ㅗ' 소리가 곁들어 있으며, ③의 'ㆍㄷ'는 간선화한 두 글자로 'ㆍ'와 'ㄷ'에는 각각 홀소리 'ㅏ'와 'ㅣ' 소리가 곁들어 있으며, ④의 'ㅅ ㅅ'는 간선화한 두 글자로 'ㅅ'와 'ㅅ'에는 각각 홀소리 'ㅣ'와 'ㅏ' 소리가 곁들어 있으며, ⑤의 'ㅅ ㅠ'는 간선화한 두 글자로 'ㅅ'와 'ㅠ'에는 각각 홀소리 'ㅣ'와 'ㅕ' 소리가 곁들어 있으며, ⑥의 'ㅅ ㄷ'는 간선화한 두 글자로 'ㅅ'와 'ㄷ'에는 각각 홀소리 'ㅣ'와 'ㅣ' 소리가 곁들어 있다.

위와 같이 이토에는 홀소리가 곁들어 있음을 알 수 있다. 간선화한 이토 글자는 한자의 변(邊)이나 몸이나 갓머리나 받침을 따서 만든 글자이다. 오늘의 한글이 소리글자이면서 과학적 조직을 가진 위대한 글자가 된 것은 우연한 일이 아니요, 그 둔하고 비과학적인 한자(漢字)에 도전해 온 뿌리 깊은 정신, 사상의 소산이라고 하겠다. 그것은 곧 이토 글자의 간선화 사상이다. 그러나 그렇다고 해서 한글의 기원이 이토 글자에 있다는 것은 아니다.

5. 이토 글자의 결함

이토 글자가 생활화되지 못하고 그 수명이 짧았던 것은 중국의 글자 한자에 눌려서라기보다 이토 글자 자체의 결함과 토씨(助詞)에 한해서 만든 글자이기 때문에 우리말을 적기에는 불완전한 글자였기 때문이다.

첫째는 글자 자체에 결함이 있었으니 한자의 어느 획이나 한 부분을 따내어 생긴 그대로 두었기 때문이다. 한자는 원선(圓線)이 없고 각선(角線)이 많은 글자이다. 그래서 네모의 귀신이라고도 한다. 그러나 이토 글자를 창작할 때 한자에서 획을 따낸 그대로 두지 말고 변형하여 보기에 아름답고 쓰기에 편리하게 창작하지 못한 것이 큰 결함이다.

둘째는 이토 글자를 부림에 있어 토씨에 한(限)하였다는 것이 결함이고, 글자로 창작한 것이라면 말을 온전히 적어내는 이토 글자였어야 한다. 그러나 토씨만을 적게 한 얼마 안되는 제한된 글자였으므로 글자다운 구실을 못하고 보급할 수 없는 글자였다.

셋째는 간선화(簡線化)한 글자이기는 하나 소리가 음절(音節) 글자인 것이 결함이고, 이토 글자 속에는 닿소리와 홀소리가 함께 곁들어 있어 그 글자를 자모(字母)로 나눌 수 없는 것이 결함이다.

제2절 한글의 우수성

1. 한글 반포

지구촌의 모든 나라 중에서 그 글자를 그 나라의 임금이 창제한 일은 한국뿐이며 한글 창제뿐이다. 세종(世宗)대왕은 신하 정인지(鄭麟趾), 최항(崔恒), 박팽년(朴彭年), 신숙주(申叔舟), 성삼문(成三問), 강희안(姜希顔), 이개(李塏), 이선노(李善老) 등에게 명하여 친히 한글을 창제하였다. 1443년 12월 한글을 완성했으나 이내 반포하지 않고 3년을 두고 실험해 본 후에 1446년 10월 9일 한글 스물여덟 글자를 반포하였다. 그리고 한글을 창제한 까닭을 훈민정음(訓民正音) 서문에 명백히 나타내었다.

> "우리나라 말이 중국과 달라 한자와는 서로 잘 트이지 아니하므로 백성이 말하고자 하는 바 있어도 마침내 제 뜻을 펴지 못하는 사람이 많은지라. 내 이를 위하여 딱하게 여겨 새로 스물여덟 글자를 만드노니 사람마다 하여금 쉬히 익혀서 날로 씀에 편하게 할 따름이니라"

위의 훈민정음 서문의 정신은 언론(言論)의 자유와 글자를 편리(便利)하게 쓰도록 하려는 참뜻이 있다.

2. 한국말은 결단말

한국말과 중국말은 생리적으로 다르다. 한국말은 생각씨에 토씨가 붙는 결단말(附着語)이다. 보기를 들면

①한국말	②중국말
꽃이 피다	花開
새가 날다	鳥飛
물이 흐르다	水流

위의 ①은 '꽃'과 '새'와 '물' 이름씨에 '이'와 '가' 토씨가 붙어서 한 낱말을 이루고, '피'와 '날'과 '흐르' 줄기에 '다' 끝소리가 붙어서 한 낱말을 이루어 임자말과 풀이말로 한 문장을 이루는 형식어이다. ②에서는 '花'와 '鳥'와 '水' 이름씨에 '開'와 '飛'와 '流' 움직씨가 붙어서 한 문장을 이룬다. 그러나 한국말처럼 토씨나 끝소리가 붙는 것은 아니다. 이와 같이 한국과 중국말이 생리적으로 다르다. 세종대왕은 한자(漢字)가 한국말에 맞지 않는다고 하였다. 다시 말해서 한국말은 글자로 말소리를 그대로 적는 것이 생리요, 중국말은 뜻만을 가

지고 나타내는 것이 생리이다.

3. 한자의 부작용

한국은 중국의 한자를 도입하여 향찰이니 이토(吏吐)니 하는 글자를 만들어 한자를 우리말에 적응시켜 보려고 애를 많이 썼으나 이토글자가 성공적으로 보급되지 못하고 한국말이 한자에 적응당해야 하는 부작용을 일으켜 놓았다. 우리 속담(俗談)에 '정신 오백년 없는 소리' 라는 말이 있다. 지나치게 한자(漢字)를 숭배하였다. 이 얼마나 불편한 글자문화의 생활이란 말인가?

중국식으로 '꽃이 피다' 를 '花開' 라 하나 한국식으로 '開花' 라 하여 글자의 순위를 바꾸어 놓는가 하면 '開花' 라는 말만으로는 우리 한국말에 맞지 않으므로 '滿發' 이라는 두 글자를 더해서 '開花滿發' 이라는 소위 한문투를 만들어 한자에 적응한 것이다.

4. 뿌리말

우리말을 한자에 적응시킨다 하여도 '꽃이 피다' 라는 말을 '花가 開하다' 로 적을 수도 없는 일이다. 우리말에는 한자를 한 글자로만 사용할 수 없는 생리를 가졌으므로 두 글자 이상이 아니면 한자어가 성립되지 않는다.

할아버지	(祖父)
어머니	(母親)
쌀	(白米)
콩	(大豆)
보리	(大麥)
밀	(小麥)

위의 한자말에서 '祖, 母, 米, 豆, 麥' 이라는 한 글자만으로는 익은말
(熟語)이 되지 못하므로 '父, 親, 白, 大, 小' 라는 글자를 더해야만 한자
말이 되기 때문이다.

이와 같이 한자에 적응시키려는 사상은 우리말 문화 발전에 암(癌)
이 되었으며 우리의 뿌리말이 침식당한 것이다. 이는 '할아버지, 어머
니, 쌀, 콩, 보리, 밀' 이라는 본래의 뿌리말이 있는데도 불구하고 한자
말을 만들어 한국말의 언어사회에 혼란을 가져다 주었고 이중(二重)의
언어생활을 하게 되었다. 왜 우리는 같은 뜻의 말을 이중으로 가지고
살아야 할 것이냐는 말이다. 한자에 대한 진서(眞書)[5] 사상은 우리말에
엄청난 해를 주었다.

---

5) 예전에, 우리글을 언문(諺文)이라고 낮춘 데에 상대하여 진짜 글이라는 뜻으로 '한
문' 을 높여 이르던 말(편집자주).

5. 한글의 기원설

한글의 기원(起源)에 대해 여러 설(說)이 있다. 고전(古篆) 기원설, 범자(梵字) 기원설, 몽고의 파스파(八思巴) 글자 기원설, 서장(西藏) 글자 기원설, 파알리(Pali) 글자 기원설, 고대(古代) 글자 기원설, 창문살 기원설, 태극사상(太極思想) 기원설, 발음기관(發音器官) 기원설 등이 있으나 이 같은 기원설들이 나오게 된 것은 당연한 것이다. 그것은 세계적으로 많은 글자들이 만들어진 후에 한글이 창제됨으로 여러 설이 있을 수 있으며 이상할 것이 없다.

그러나 어느 기원설보다 발음기관 기원설이 정당한 기원설이다. 그것은 첫째는 훈민정음 서문과 제자해가 증명하고 있어 발음기관 기원설이 정설이다.

둘째는 닿소리의 시늉됨이 발음기관과 틀림없으므로 발음기관 기원설을 뒷받침해 준다.

6. 한글 창제의 지혜

한글이 알파벳이나 한자와 같이 시늉글자인 것만은 사실이다. 그러나 그 시늉을 본뜬 사상이 세계의 어느 글자보다 특이한 글자창제의 지혜였다. 그것은 어떤 물체(物体)의 시늉을 나타내지 않고 사람이 말할 때 소리를 내도록 작용하는 '어금니, 혀, 입술, 이, 목구멍' 시늉을 본떠서 닿소리를 만들었다. 이 얼마나 궁리가 깊고 다른 나라 사람들이 생각하지 못한 창안(創案)이었던가! 그뿐 아니라 또한 놀라운 사실은 '하늘, 땅, 사람' 삼재(三才)의 원리를 가지고 그 시늉을 본떠서 홀소리를 만들었다는 사실이다. 이 같은 선인들의 지혜는 저 이집트 사람도 생각하지 못하였으니 높이 평가할 선인의 지혜였다.

(1) 닿소리

한글 닿소리(子音)의 기원은 발음기관(입)에 있다. 곧 혀뿌리, 혀끝, 입술, 이, 목구멍에 부딪쳐 나오는 소리를 닿소리의 기본소리로 삼았으니 이는 닿소리의 생리(生理)이다. 한글은 창제할 당시 훈민정음(訓民正音)이라 명하였으나 그 후에 언문(諺文)이니 암클이니 하다가 한글(正音)이라고 부르게 된 것은 주시경(周時經)의 주장이었다.

	기본소리	1획 더	2획 더	붙임
혀뿌리소리	ㄱ	ㅋ	ㆁ	ㆁ' 에 한 획을 더
혀끝소리	ㄴ	ㄷ	ㅌ	
입술소리	ㅁ	ㅂ	ㅍ	
잇소리	ㅅ	ㅈ	ㅊ	
목구멍소리	ㅇ	ㆆ	ㅎ	
반혓소리		(ㄹ)		ㄷ' 에 한 획을 더
반잇소리		(ㅿ)		'ㅅ' 에 한 획을 더

닿소리 열일곱 소리의 기본바탕은 'ㄱ,ㄴ,ㅁ,ㅅ,ㅇ' 다섯 소리이다. 위 보기표와 같이 기본바탕 소리에 선(획)을 하나 더하고 둘 더하여 닿소리가 되었다.

'ㄱ'에 선 하나를 더하여 'ㅋ'이 되고, 'ㄴ'에 선 하나를 더하여 'ㄷ'이 되고, 'ㅁ'에 선 하나 더하여 'ㅂ'이 되고, 'ㅅ'에 선하나 더하여 'ㅈ'이 되고, 'ㅇ'에 선 하나를 더하여 'ㆆ'이 되고, 'ㄴ'에 선 둘을 더하여 'ㅌ'이 되고, 'ㅂ'에 선 둘을 더하여 'ㅍ'이 되고, 'ㅅ'에 선 둘을 더하여 'ㅊ'이 되고, 'ㅇ'에 선 둘을 더하여 'ㅎ'이 되었다.

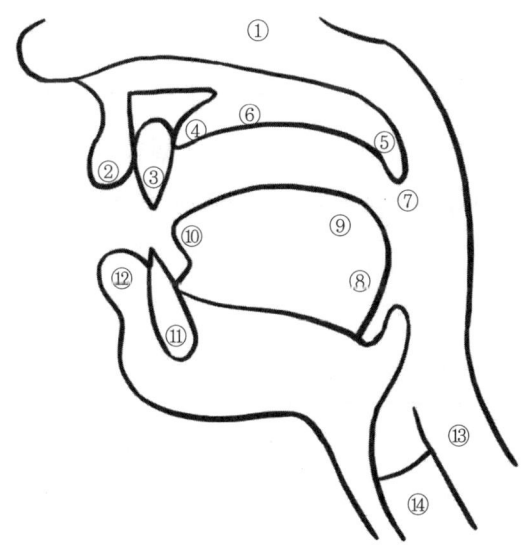

〈그림23〉 한글 창제의 원리 그림(1)

‘ㅇ’은 ‘ㅇ’에 선 하나를 더하였고, ‘ㄹ’은 ‘ㄷ’에 선 하나를 더하였고, ‘ㅿ’은 ‘ㅅ’에 선 하나를 더하였다. 이 얼마나 우리 선인(先人)들이 지혜로웠는지, 또 한글 창제를 위해 얼마나 고심하였는지를 엿볼 수 있다.

〈그림23〉에서 ①은 콧구멍, ②는 윗입술, ③은 윗니, ④는 잇몸, ⑤는 연한 입천정, ⑥은 단단한 입천정, ⑦은 목젖, ⑧은 혀뿌리, ⑨는 혓바닥(가운데), ⑩은 혀끝, ⑪은 아랫니, ⑫는 아래 입술, ⑬은 식도, ⑭는 목청이다.

(2) 홀소리

한글 홀소리(母音)의 기원은 삼재(三才)에 있다. 곧 하늘과 땅과 사람에 있다는 말이다. 우리 선인(先人)들의 글자 창제의 철학이 이토록 놀라울 수가 없다. 닿소리는 사람이 말하는 발음기관에서, 홀소리는 온 누리(宇宙) 안에서 소리를 찾고 글자(선)를 찾았다. 실로 경탄해 마지않는다.

시늉 \ 소리	기본소리	기본글자	1점 더		2점 더	
하늘	혓소리	•				
땅	혓소리	—	•̣	̣•	•̣•	̣••
사람	혓소리			•̣	•̣	

옆의 보기표와 같이 기본바탕 소리에 점(하늘)을 하나 더하고 둘 더하여 홀소리가 되었다. 'ㅡ'(땅)에 점 하나 더하여 'ㅗ'가 되고 'ㅜ'가 되었다. 또는 'ㅡ'에 점 둘을 더하여 'ㅛ'가 되고 'ㅠ'가 되었다. 이 네 소리는 하늘과 땅이 사귐으로 'ㅡ'에 따른 홀소리가 되었다. 다음은 'ㅣ'(사람)에 점 하나를 더하여 'ㅏ'가 되고 'ㅓ'가 되었다. 또는 'ㅣ'에 점 둘을 더하여 'ㅑ'가 되고 'ㅕ'가 되었다. 이 네 소리는 하늘과 사람이 사귐으로 'ㅣ'에 따른 네 홀소리가 되었다. 이는 홀소리의 생리이다. 그런데 점 하나는 낮(陽)을 뜻하고 점 둘은 밤(蔭)을 뜻하였으니, 사람이 땅과 사귀고 하늘과 사귀는 삶을 뜻하였다.

〈그림24〉에서 ㈎는 하늘이요, ㈏는 땅이요, ㈐는 서 있는 사람의 모습이다. 이 세 소리를 삼재(三才)라 한다. 이 같은 훈민정음 창제는 저 이집트 사람들이 생각지도 못한 삼재(三才)의 원리를 발견하였다는 사실로 다시 한 번 높이 평가해 마지않는다.

(㈎)

(나)

(다)

〈그림24〉 한글 창제의 원리 그림(2)

7. 한글 차례의 변화

세계 어느 나라 글자든지 결함을 보충하고 또 더하여 훌륭한 글자를 만들어 놓았다. 말하자면 이집트의 그림글자가 그 좋은 예(例)이다. 여러 나라를 거치며 결함을 보충해서 오늘의 알파벳이 되었다. 우리 한글이 반포된 이후 글자의 운용(運用)과 자형(字形)에 있어 그 결함이 보충되고 발전하였다.

(1) 닿소리의 차례
한글이 1446년 반포 당시에는 닿소리 글자의 차례를 발음기관 시늉별로 하였다. 그러나 1527년 최세진(崔世珍)의 훈몽자회(訓蒙字會)에 와서는 첫소리 및 받침으로 쓰는 글자와 첫소리에만 쓰는 글자 두 부문으로 나누어 닿소리 글자의 차례가 창제 당시와는 다르게 바뀌었다. 또한 1751년 홍계희(洪啓禧)의 삼운성휘(三韻聲彙)에 와서는 닿소리 글자를 읽기 편리한 차례로 하였다.

닿소리 글자 차례에 있어서 한글이 반포된 지 300년에 와서야 한글답게 정돈되었다고 하겠다. 그러나 아직도 정리하고 다듬어야 할 과제가 너무 많다. 위에 비교해 보인 바와 같이 훈몽자회에는 'ㆆ' 글자가 제외되었고, 삼운성휘에는 'ㆆ, ㅿ, ㆁ' 글자가 제외되었다. 그런데 'ㅋ, ㅌ' 글자의 차례에 있어서 훈몽자회에는 'ㅋ, ㅌ'으로 되었는데, 삼운성휘에는 'ㅌ, ㅋ'으로 되어 있는 것이 다르다. 지금 우리가 운용하고 있는 닿소리의 글자 차례는 삼운성휘에 의한 것이다.

닿소리 운용의 비교
〈한글 반포 당시〉 ㄱㅋㆁㄷㅌㄴㅂㅍㅁㅈㅊㅅㅎㆆㅇㄹㅿ
〈훈몽자회 이후〉 ㄱㄴㄷㄹㅁㅂㅅㆁ(첫글자 및 받침) ㅋㅌㅍㅈㅊㅿㅇㅎ(첫글자로만)
〈삼운성휘 이후〉 ㄱㄴㄷㄹㅁㅂㅅㆁㅈㅊㅌㅋㅍㅎ

(2) 홀소리의 차례

한글이 반포될 당시에는 홀소리 운용에 있어서 그 차례를 기본글자
를 선두로 하여 적었으나, '훈몽자회'에 와서는 읽기 편리한 글자부터
차례로 적었다. 이 같은 홀소리의 차례가 '삼운성휘'에 와서도 훈몽자
회와 같게 적었다. 이러므로 한글의 닿소리와 홀소리의 차례가 읽기
편리한 방향으로 발전하였음을 말해준다. 한글 운용에 있어서 홀소리
는 최세진에 의해 그 차례가 정착되었고, 닿소리는 홍계희에 의해 그
차례가 정착되었다.

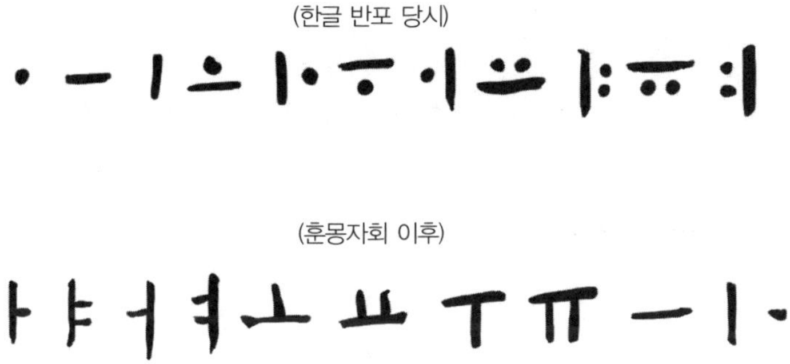

(한글 반포 당시)

ㆍㅡㅣㅢㅘㆎㆍㆆㅓㅠㅑㅠㅖ

(훈몽자회 이후)

ㅏㅑㅓㅕㅗㅛㅜㅠㅡㅣㆍ

〈그림25〉 홀소리 운용의 비교

제3절 한글의 자형과 서체

1. 한글 자형의 변화

한글의 자형(字形)이 창제 이후 변형(變形)된 글자가 많다. 열세 글자가 변형되는 배경적 이유가 운필(運筆)에 있다. 글자는 읽고 적는 작업이 없이는 글자의 구실을 못하는 것이니 변형된 글자를 열거해 보면 다음과 같다.

(1) 닿소리

   ①   ②   ③   ④

   ㄷ   ∧   ㅋ   ㅌ

(2) 홀소리

   ①   ②   ③   ④   ⑤   ⑥   ⑦   ⑧   ⑨

   •   ∸   ㅣ•   ᆞ   •ㅣ   ••   ㅣ: ••ㅣ   :ㅣ

위의 닿소리 ①의 'ㄷ'이 'ㄷ'으로, '∧'이 'ㅅ'으로, ③의 'ㅋ'이 'ㅋ'으로, ④의 'ㅌ'이 'ㅌ'으로 변형되었으며, 홀소리 ①의 '•'이

' ' '으로, '-'으로 변형되었다. 그런데 ②에서 ⑨까지의 ' · '는 ' l '
으로, ' ㅡ '으로 변형되었다. 이렇게 변형되지 않으면 안 되었던 이유
는 신속한 질서를 가지려는 데서 발생된 변혁이다.

2. 서체의 필요성

글자는 사람의 생활에서 잠시도 떠날 수 없다. 잠들기 전에는 늘 우
리 눈앞에 있으며 숱한 '글자말' 로서 가르침을 주는 좋은 벗이다. 그
많은 글자들의 생김새가 나라마다 다르다. '글자는 책 속의 얼굴이
다.' 누구나 흉하고 못생긴 얼굴보다 아름답고 잘 생긴 얼굴을 좋아하
듯이 매일 같이 대하는 글자가 아름답지 못하면 이내 실증이 날 것이
다. 그러므로 글자는 아름다워야 하고 쓰기에 쉽고 빨라야 한다. 그리
고 또 같은 글자만 늘 대하여도 싫증이 나므로 여러 가지 서체가 필요
하다. 한글의 서체를 말하면 크게 나누어 '자암체' 와 '서포체' , 두 갈
래로 나눌 수 있다.

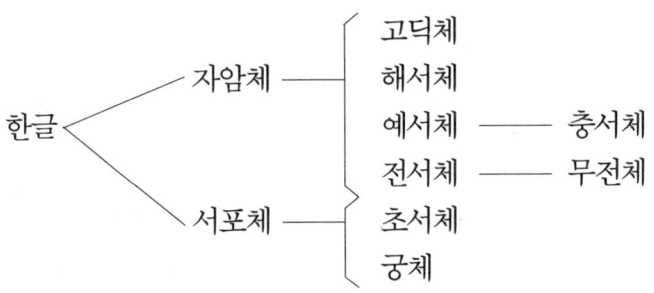

(1) 자암체

한글의 맨 처음 서체는 고딕체였으나 붓으로 쓰기에는 실용적인 서체가 못되었다. 그러나 인쇄 글자로서는 훌륭한 서체이며, 눈에 시원하게 잘 뜨이는 서체이다. 한글 서체는 자암체가 최초이고, 고딕체는 실용할 수 없는 서체였으므로 붓으로 쉽게 적을 수 있는 서체가 필요했다. 자암체라는 서체의 명칭은 화전별곡(花田別曲)이라는 시가(詩歌)를 지은 (서기1534년 중종 때) 자암(自庵) 김구(金絿)의 호를 빌어서 일컫는 명칭이다. 해서체(자암체)는 책의 본문을 인쇄하는 화자체도 되고 필기체도 되었다. 자암체는 고딕체, 해서체, 예서체, 전서체가 있다. 그리고 예서체에는 총서체가 있고, 전서체에는 무전체가 있다.

(2) 서포체

일찍이 한글과 우리말의 문학적 가치를 깨달은 서포(西浦) 김만중(金萬重)은 (서기 1690년 숙종 때) 최초로 구운몽(九雲夢), 사시남정기(謝氏南征記), 윤씨행장(尹氏行狀)이라는 한글 소설을 지었다. 서포체라는 명칭은 그의 호(號)를 따서 일컫는 말이다.

서포는 1637년에 출생하여 향년 56세를 일기로 서거하였다. 그의 집안은 광산 김씨(光山 金氏) 명문 가족으로, 거유(巨儒) 김장생(金長生)이 그의 증조부이고, 아버지는 병자호란 때 강화도에서 절사(節死)한 충렬공 김익겸(金益兼)이다. 그는 또 숙종 초비(初妃) 인경왕후(仁敬王后)의 아버지 광성부원군(光城府院君) 김만기(金萬基)의 아우이기도

하다. 한편 그의 어머니 해평 윤씨(海平 尹氏)는 선조 때 영의정을 지낸 윤두수(尹斗壽)의 후손이며, 그녀의 할머니가 선조의 따님 정혜옹주(貞惠翁主)였으니 그의 아버지 쪽 못지않게 어머니 쪽 집안도 명문가였다.

그러나 이처럼 명문의 후예이긴 하였지만 서포의 일생은 기구하였다고 밖에 표현할 길이 없다. 서포는 이른바 유복자(遺腹子)로 태어난 것부터가 그렇다. 아버지가 병자호란 때 국치(國恥)의 한을 품고 자결할 당시 서포의 형의 나이가 겨우 다섯 살이었고 그 자신(서포)은 어머니 복중(腹中)에 있었다. 홀어머니 슬하에서 성장한 서포는 한 때 두 번이나 대제학(大提學)을 지낸 적도 있으나, 서포의 일생은 처절(悽切)하였으니, 숙종의 장희빈(張禧嬪)이 인현왕후(仁顯王后)를 폐출하는 사건 와중에 남해의 외로운 섬에서 귀양살이로 일생을 마쳤다.

소설을 쓸 때 해서체 한자(漢字)로 쓰자면 너무 많은 시간이 허비되므로 빠르게 쓰고자 하는데서 만든 것이 한글 초서체이다. 서포체에는 궁체가 있으니 궁(宮) 안에서 황후나 시녀들이 쓰던 서체를 궁체라 이름 한다.

초서체가 필요한 것은 어느 나라 글자나 공통된 사실이다. 그것은 글자를 쓰되 빠르게 쓰고, 시간을 아끼기 위해 만든 서체이다. 해서체는 마치 사람이 발로 걸음과 같고, 초서체는 마치 차(車)의 바퀴와 같다고 하겠다. 이 말은 펜 끝이 종이 위에 닿다 떨어졌다 하는 것과 떼지 않고 써 나아감을 비유한 것이다. 길을 가도 지름길을 가려는 그 심리는 어느 누구나 마찬가지이니 한글의 선(線)을 하나하나 긋자니 너무 더디고 불편하여 흘려서 빠르게 쓰려는 서체(書体)가 서포체이다.

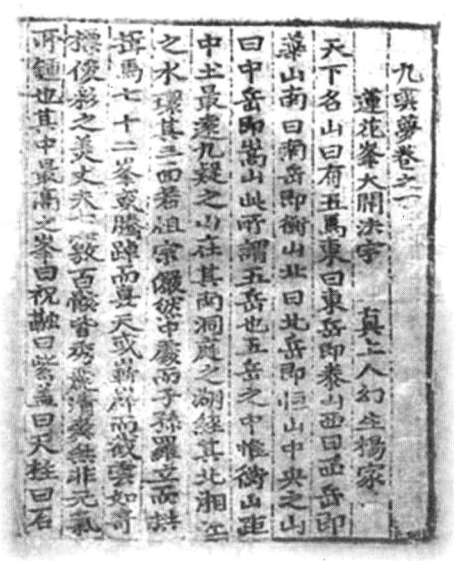

〈그림26〉 구운몽 권지일

3. 주시경의 풀어쓰기

그 민족이 말을 잃는 것은 그 말속에 담긴 정신과 문화를 잃는 것이 된다. 주시경 스승은 한문(漢文)을 배우다가 글방 스승이 한문을 읽어 주고 나서 다시 우리말로 그 뜻을 해석해 줄 때 문득 속맘으로 깨달은 것이 "글이란 말을 적으면 그만이지 말 따로, 글 따로 있어서는 이 얼마나 불편하냐!" 하여 깨닫게 된것이 동기가 되어 우리 국문학에 있어서 일대 변혁을 일으켜 놓은 선각자(先覺者)가 되었다. 1906년 11월부터 국어(한글) 강습소를 개설하고 교수하기 시작하여, 1913년 3월 2일 수료생 때부터 수료증서를 〈맞인 보람〉이라 하여 한글을 풀어서 나란히 쓰는 서체(書体)로 수료증서를 주었다.

이것이 한 발 앞선 풀어쓰기였다. 우리 한글은 비과학적인 한자(漢字)의 철자(綴字)방식을 그대로 흉내 내서 불편한 한글을 만들어 놓았다. 앞으로 글자학자들에 의해 글자의 원리(原理)에 의한 개혁 운동이 있어야 하겠다.

〈그림26〉 맞힌 보람

〈그림26〉은 주시경 스승한테서 〈국어 문법〉을 배운 수료증서, 곧 지금으로부터 75년 전 최현배 님의 〈맞인 보람〉이 풀어쓰기로 된 증서(證書)이다. 이 풀어쓰기를 알아보기 쉽게 적으면 다음과 같다.

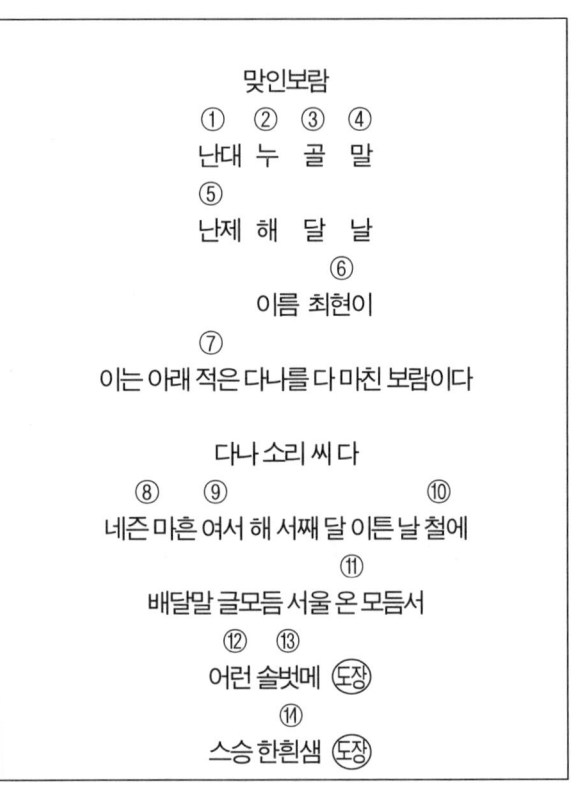

위의 맞힌 보람 ①은 '난 데' 인데 출생지라는 말이다. ②는 누리의 '누' 인데 현재로 말하면 도(道)와 같다. ③은 '고을' 의 준말이요, ④도

'마을'의 준말이다. ⑤는 '난 때'인데 '제'는 언제의 '제'이다. ⑥은 최현배 님의 먼저의 성명이다. ⑦은 '과목'을 뜻하는 말이다. ⑧은 '사천'이라는 숫자를 말함이니 '네'는 넷의 준말이요, '준'은 즈믄(千)의 준말이다. ⑨는 '여섯'의 준말이요, ⑩은 '계절'을 말함이다. ⑪은 '모두'이고, ⑫는 '어른'이라는 말이며, ⑬은 남형우 님의 순 우리말 성명이요, ⑭는 주시경 님의 순 우리말 성명이다.

제4절 한글의 동위성 문제

세계의 소리글자 중에 가장 간결한 자모음(字母音)을 가진 글자가 서양의 알파벳과 동양의 한글이다. 한글은 닿소리와 홀소리로 분화(分化)한 글자이다. 철자(綴字)할 때 첫소리니 가운데 소리니 끝소리니 하여 조직적 술어를 만든 것은 찬탄할 일이다. 그러나 한글이 알파벳에 비해 우수한 질서를 가질 수 없는 결함을 지니고 있다.

1. 육계 방식의 결함

한글의 육계(六階) 방식은 타자기 제작에 큰 두통거리가 되었다. 이 같은 고질병은 중국의 한자를 모방했기 때문이다. 알파벳은 자모 동위(同位) 글자로서 단계(單階) 방식에 의해 철자를 나란히 하였으나 한글은 계층이 많은 글자이다. 한글의 창제 원리는 앞에서 말한 바와 같이 알파벳보다 그 창제가 월등하나 육계 방식의 질서는 글자 운용에 막심한 손실을 주었다. 어서 한글도 육계(六階)방식 철자에서 탈피하여 자모 동위의 글자로 변혁되어야 한다. 이제 육계 방식과 단계 방식을 비교해 보면 다음과 같다.

육계와 단계의 비교

	①	②
제1계	· ·	KOREA
제2계	- ㅣ · - ㅣ ·	
제3계	ㅇ ㅇ	
제4계	·	
제5계	-	
제6계	ㅇ	

　위의 그림 ①은 황하(黃河)라는 중국의 강(江)이름을 기본글자로 육계(六階)방식에 의해 철자한 그림이다. '· ·'은 제1계선에 놓였고, '- ㅣ · - ㅣ ·'는 제2계선에 놓였고, 'ㅇ ㅇ'은 제3계선에 놓였고, '·'은 제4계선에 놓였고, '-'는 제5계선에 놓였고, 'ㅇ'은 제6계선에 놓였다. 그러나 ②의 알파벳 KOREA는 모두 제1계선에 놓여 있다. 실로 대조적이다. 글자를 쓸 때 붓끝이 지면에서 나아가는 것을 비교하면 어느 쪽이 훨씬 빠르겠는가? 한글의 결함이 여기에 있다. 한글이 한 글자 한 소리이기 때문에 제2, 3, 4, 5, 6계선의 글자를 모두 제1계선으로 올려서 나란히 적는다면 알파벳보다 우수한 글자가 될 것이다.

2. 병서와 종서

한자(漢字)를 도입할 때 종서법도 함께 도입되었다. 오늘에 와서는 병서법이 가장 과학적이고 능률적인 줄 알면서도 종서를 쉽게 버리지 못하기 때문이다. 훈민정음 제자해(制字解)에 병서, 종서, 혼서를 혼용하였는데 이를 분석해 보면 다음과 같다.

(1) 병서한 글자

ㄲ, ㄸ, ㅃ, ㅆ, ㆀ, ㅉ, ㆅ, ㆀ, ㄳ, ㄵ, ㄶ, ㄺ, ㄼ, ㄿ, ㅀ, ㅭ, ㅩ, ㅳ, ㅄ, ㅶ, ᄇᄎ, ㅷ, ㅴ, ㅼ

ㅏ, ㅑ, ㅓ, ㅕ, ㅡ, ㅣ, ㅐ, ㅓ, ㅒ, ㅖ

(2) 종서한 글자

ㅁㅸ 는 응 ㅁㅂ ㆁㅜ

ㅗ, ㅛ, ㅜ, ㅠ

(3) 혼서한 글자

뻥

ㅘ, ㅙ, ㅝ, ㅞ, ㅟ, ㆉ, ㆊ, ㆊ, ㆈ, ㆋ

위와 같이 한글 창제 당시에는 종서(縱書)보다 병서(竝書)가 우세하였으나 한자의 영향이 너무나 커서 독창성을 발휘하지 못하고 인습에 매어 종서하므로 글자 운용에 막대한 손실을 주었다. 그러나 기대와 희망을 가지는 것은 한글이 나란히 쓰기에 알맞게 닿소리와 홀소리로 된 글자이기 때문이다.

3. 철자의 비교

한글의 기본글자는 선(線)이 간략하고 구별이 명확하나 철자(綴字)하는 방식이 한자(漢字)를 모방한 탓으로 큰 결함을 가져왔다. 그러나 이 결함을 보완(補完)할 책임은 후세 우리에게 있다. 그 결함은 앞의 육계방식에서 말했거니와 이제 와서 생각하면 당시 지리와 문화에 어두웠으므로 글자 창제의 연구 자료를 세계적으로 도입하지 못한 것이 못내 아쉬운 점이다. 한글의 철자 방식을 한자와 비교해 보면 다음과 같다.

〈철자방식 비교표〉

| ① 가 노 물 대 참 뚫 |
| ② 珥 異 蒸 鋤 黻 囂 |

위의 철자 방식 비교표에서 ①은 한글이요 ②는 한자(漢字)이다. 한

글은 자모(字母)와 받침으로 나누어 분석(分析)되지만 한자는 그렇지 않다.

(1) 한글의 철자방식

'가' (제1계 방식), '노' (제3계 방식), '물' (제4계 방식), '대' (제1계 방식), '참' (제2계 방식), '뚫' (제4계 방식)

(2) 한자의 철자방식

'王' + '耳' = 珥 이고 '田' + '共' = 異 이고,

'艹' + '埶' + '火' = 蓺

'金' + '軍' + '斤' = 䩨

'田' + '犬' + '皿' = 猒

'吅' + '工' + '吅' = 嚚

한자는 철자에 있어서 병서와 종서와 혼서, 세 가지 방식으로 되었다.

4. 눈으로 읽는 시대

책을 읽을 때 눈으로 소리 없이 읽는 시대에 살고 있다. 지금은 도서관을 가도 책 읽는 소리가 들리지 않고 고요하지만, 옛날의 한문(漢文) 교육 시대는 글 읽는 소리가 요란했었다. 이 얼마나 어두운 시대였던

가? 책 한 권을 놓고 온종일 소리 내어 읽었다. 지금은 너무나 배우는 과목(科目)이 많아서 매일 시간표대로 배우고 있다. 그 많은 학생들이지만 학교는 조용하기만하다. 그것은 책을 입으로 읽지 않고 눈으로 읽기 때문이다. 책 속에는 무한한 글자가 있으며, 글자의 원리(原理)에서 볼 때 〈글자말〉이 있어 눈으로 읽고, 눈으로 듣는, 고도(高度)로 발달한 정신문화의 지구촌이라 하겠다.

(1) 한자에 대한 개념

우리는 한자(漢字)에 대한 개념(槪念)을 달리할 때가 왔다. 옛날의 조선조 시대에 중국의 한자(漢字)를 하늘 같이 받들던 시대는 이미 지났다. 역사는 흘렀으며, 지금은 잉글랜드, 프랑스, 도이칠란트 말도 배우고 글자도 배워야 하는 때에, 한자(漢字)를 우리 글자인양 하는 부끄러운 옛 찌꺼기를 활짝 벗어 던지고 우리 글자(한글)를 사랑하고 아끼며 전용(專用)하는 개념을 가져야 한다. 대학에 중국어과(科)를 두어야 하고, 중ㆍ고교에서 한자(漢字)를 강요하는 일은 앞날의 역사가 옳고 그름을 판단할 것이다.

이웃나라 일본이 한자(漢字)를 섞어서 쓴다고 해서 우리도 섞어 써야 한다는 생각은 크게 잘못된 생각이다. 왜냐하면 일본의 글자 가나(假名)에는 우리 한글의 '차' 와 '카' 와 '타' 발음의 글줄이 없으며 말을 적기에 불편한 글자이다. 그도 그렇거니와 일본의 가나(假名) 글자는 우리 옛날의 이두(吏讀) 시대의 간선화(簡線化) 한 이토(吏吐)와 같은 글자가 많기 때문이다.

(2) 나란히 쓰기

오늘의 한글은 읽을 때 한자(漢字)처럼 철음(綴音)된 글자 하나하나
에 눈길을 주어서 읽는다는 일은 너무 더디고 불편하다. 그러나 낱말
을 나란히 철음하면 낱말의 첫머리와 끝이 한 눈길에 들어오면서 무슨
말인지, 무슨 뜻인지 빨리 알게 된다. 예를 들면

　　　①　　　　　　　　　②　　　　　　　　③
　ㅎㅏㄴㄱㅡㄹ　　ㄴㅏㄹㅏㄴㅣㅇㅣㅆㅜㄱㅣ

위의 ①은 〈한글〉이고, ②는 〈나란이竝〉이고, ③은 글씨를 '쓰다'의
〈쓰기〉이다. ②와 ③이 합쳐서 〈나란이 쓰기〉라는 익은말(熟語)이 되
었다. 낱말을 알파벳식으로 나란히 쓰기를 하면 눈으로 읽기에 편하고
빠르며 여기에 따른 기계화에 유리한 점이 많다. 우리 선인(先人)들이
현대와 같은 문화와 문명을 창조하지 못한 것이 한(恨)스럽고 슬프다

(3) 한글의 혁명

우리나라의 글자 한글에 대한 혁명(革命)이 자주 있었다. 최세진(崔
世珍)의 훈몽자회(訓蒙字會) 때와 홍계희(洪啓禧)의 삼운성휘(三韻聲
彙) 때에 한글의 차례에 대한 혁명이 있었다.

주시경(周時經)의 한글 풀어쓰기는 알파벳식 철음(綴音)에 대한 혁

명이었다. 최현배(崔鉉培)의 『글자의 혁명』 때에 와서는 가로쓰기의 닿소리와 홀소리의 자형(字形)이 구체화되었다. 외솔(최현배 님의 호)은 한힌샘(주시경 님의 우리말 이름)의 글자의 혁명 정신을 이어받아 평생을 두고서 한글 혁명을 위해 오로지 한 길을 걸은 제자였다.

외솔의 사사(私事)를 받은 한솔 김세한(金世漢)은 글자에 대해 연구해 온 『눈으로 읽고 듣는 글자말 시대』를 저술하기에 이르렀다. 외솔의 정신을 이어받은 한솔은 한글 〈이어쓰기〉를 평생토록 연구하고 노력한 제자이다.

5. 외솔의 가로쓰기

외솔 최현배(崔鉉培) 스승은 경남 울진군 하상면 동리에서 출생하였다. 17살(1910) 때 한힌샘 스승한테서 한글 풀어쓰기와 말본(國語文法)을 배우며 깊이 깨달은 바가 있어 한글을 연구하기 시작하였다. 1925년 『조선 민족 갱생의 길』이라는 책을 지어 일제(日帝)에 항거하여 독립을 주창하였다. 『글자의 혁명』이라는 저

외솔 최현배 선생과 함께(사진 좌: 저자)

서의 서문에서 옮겨보면

"주권(主權)을 빼앗고 땅을 빼앗고, 입을 것, 먹을 것을 빼앗은 포악(暴惡)한 일본의 침략 정치는 그 최후 단계에 이를수록 더욱 그 포악의 도(度)를 더하여 드디어 우리의 성명을 빼앗고 또 말과 글을 빼앗으려 함에 이르러 우리는 몸은 있으나 뼈만 남았고 입이 있으되 말을 못하고 손이 있으되 글을 쓰지 못하게 되어 숨조차 막히려 하던 차(次)에 …"

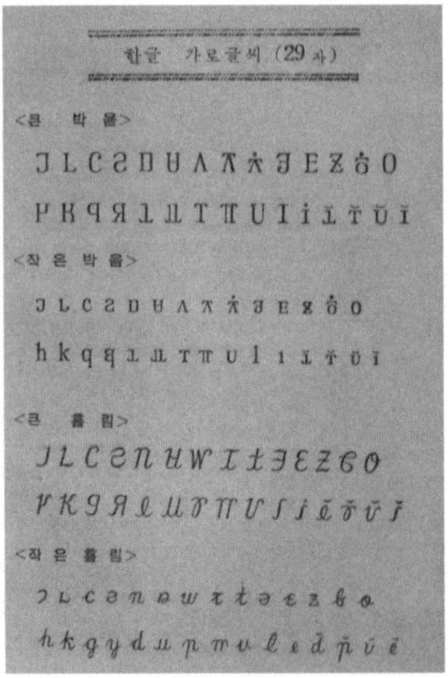
한글 가로글씨 (29자)

<큰 박음>

<작은 박음>

<큰 흘림>

<작은 흘림>

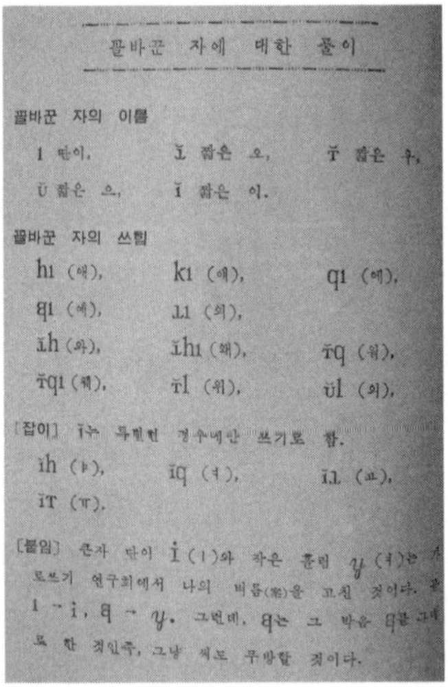
끝바꾼 자에 대한 풀이

끝바꾼 자의 이름

ı 딴이, ㅗ 짧은 오, ㅜ 짧은 우,
ㅡ 짧은 으, ㅣ 짧은 이.

끝바꾼 자의 쓰힘

hı (애), kı (에), qı (예),
ꟼı (예), ʟı (외),
ʟh (와), ʟhı (왜), ㅜq (워),
ㅜqı (웨), ㅜl (위), ㅡl (의),

[잡이] i는 특별한 경우에만 쓰기로 함.

ih (ㅑ), iq (ㅕ), iʟ (ㅛ),
iT (ㅠ).

[붙임] 큰자 딴이 i (ㅣ)와 작은 흘림 y (ㅓ)는 가로쓰기 연구회에서 나의 비롯(案)을 고친 것이다. ı → i, ꟼ → y. 그런데, ꟼ는 그 박음 ꟼ를 그대로 한 것인즉, 그냥 써도 무방할 것이다.

〈그림27〉 외솔 최현배의 『글자의 혁명』 중에서

위와 같이 애국애족의 불타는 가슴은 1926년 홍업구락부 사건으로 연희(延禧)전문학교 교수의 직(職)을 일제(日帝)의 강압에 의해 사퇴해야만 했다. 1938년에는 『한글갈』을 지어 폈으니 '갈'은 학(學)이라는 말이다. 1942년에는 조선어학회(한글학회)사건으로 3년간의 옥고(獄苦)를 치러야 했다. 외솔은 독립 운동가이면서, 우리 조상이 가지고 살던 말과 글을 지켜 준 애국자였다.

광복 후(1945년) 조선어학회 상무이사로, 미(美)군정 때 문교부 편수국장으로 교과서 편찬에 종사하였고, 대한민국 수립 후에도 편수국장을 지냈다. 1946년 드디어 한글 가로쓰기 닿소리와 홀소리의 자모(字母)를 비로서 완성하였으니 주시경 이후 처음 되는 글자의 혁명(革命)이었다. 1954년 연희대학교 교수로 다시 취임했으며, 1955년 연희대학교 부총장에 취임했고, 그 해에 문학박사 학위를 받았다.

한글 혁명에 평생을 바친 외솔은 1970년 3월 24일 가셨으나, 이 땅에 글자혁명이 오는 날, 그 거룩한 정신은 이 겨레의 가슴 깊이 기리 남을 것이다.

제5절 놀라운 영상의 시대

1. 지구촌

오늘날 지구촌이라는 새로운 말이 생겼다. 세계(世界)라는 말이 지구촌으로 바뀌었다.

참으로 좋은 말이다. 그 넓은 지구가 한 마을의 뜻을 지닌 말로서 다정한 마음과 포근하고 아늑한 느낌을 준다. 더구나 방안에서 텔레비전(television)의 스크린(screen)을 통해 지구촌의 각 나라와 민족이 날로 발전해 가는 소식을 한 눈에 책을 읽듯이 볼 수 있다는 첨단을 걷는 과학의 시대에 살고 있다.

옛 사람들은 지구가 넓은 줄은 알았으나 얼마만한 지구인지는 몰랐고, 어떤 사람들이 살고 있는지, 무슨 일을 하고 있는지는 몰랐다. 오늘에 와서는 지구촌이 좁다는 것을 알게 되었고, 우주인(宇宙人) 시대를 열려고 로켓을 연구 발명하고 있다. 실로 놀라운 시대이다

2. 영상의 시대

앞에서 말했거니와 어느 낭자(娘子)가 그의 사랑하는 사람에게 편지

를 보냈는데 그 시대는 종이도 없고 글자도 없는 시대여서 나뭇잎에 그림을 그려서 말을 통하던 시대였다. 낭자는 그림(덩이그림)으로 이리 오라고 하였다. 오늘날 텔레비전 스크린에 그 시대를 방불(彷彿)케 하는 그림과 글자가 색깔도 아롱다롱하게 방영되고 있다.

참으로 좋은 세상이다. 옛 사람들은 이 같은 세상이 오리라고 생각지도 못했을 것이다. 그러나 슬프고 한(恨)스러운 것은 중국의 한문(漢文)과 그 글자가 담고 있는 철학과 도덕이 이 지구촌에서 제일인 것처럼 여겼다는 것이다. 오늘의 과학의 생활을 자신(自身)이 누리고 있으면서도 서구화(西歐化)니 뭐니 하여 한탄만 하고 있을 것이 아니라 첨단(尖端)의 첨단을 걷는 후손이 되어서 이 지구촌의 과학의 선도자(先導者)가 되어야 하겠다. 겨레여! 무엇을 망설일 것인가? 힘차게 달립시다. 뒤돌아보지 맙시다. 우리 후손은 이 우주시대를 창조하고 달립시다. 조상이 준 아름다운 금수강산을, 비록 땅의 크기는 작으나 크게 삽시다! 네 계절(季節)을 가진 자랑스러운 나라를, 더구나 세종대왕이 글자를 창제해 주신 이 나라를 아끼고 사랑하고 발전시켜 저 알파벳보다 더 훌륭한 글자를 만들어 지구촌이 흠모하는 나라가 되게 해야 하겠다. 역사(歷史)는 뒷걸음질치거나 머물지 않으며 새 시대를 가져다 준다는 것을 명심해야 할 것이다. 아침저녁으로 온종일 텔레비전에 나타나는 말과 글자와 음악은 우리에게 무엇을 말하여 주는지 한번쯤 생각해 보았는가? 시대의 착오(錯誤)를 일으켜서는 안 될 것이다.

3. 예술의 시대

텔레비전의 스크린에서는 노래와 춤, 또 기쁜 소식도 전해 온다. 일본이 한국을 침략했을 때는 슬픈 노래도 많았다. 이제는 경쾌하고 진취적인 노래가 많아야 한다. 귀를 기울여 대자연을 살피면 노래 속에 묻혀 산다고 할 수 있겠다.

아이들이 떠드는 소리, 개가 짖는 소리, 송아지 소리, 새의 소리, 꿩의 소리, 시냇물 소리, 바람 소리, 거리에는 차 소리, 일하는 소리, 귀뚜라미 소리, 닭의 소리로 꽉 차 있어 소리에 묻혀 살고 있다. 이 소리를 노래로 듣는다면 대자연의 예술에 산다고 볼 수 있다. 그런데 요즘에는 컴퓨터 음악이라 하여 단추를 누르면 갖가지 노래가 흘러나온다. 앞으로 오는 시대에는 주로 노래만을 방송하는 예술 방송국이 설립될 날이 멀지 않았다고 본다.

4. 갖가지 상품 시대

스크린에 쏟아져 나오는 상품(商品)들은 휘황찬란히게 소개되면서 우리를 현혹시키고 있다. 그 이면에는 우리나라의 기업과 산업이 눈부시게 자라고 있음을 말해준다. 일제 40년의 상처를 말끔히 씻고 지구촌에서 모범이 되는 민주(民主)의 나라, 본보기가 되어서 큰 산업국을 이루어 생활이 풍부하고 부강한 나라가 되어야 할 것이다. 방송국의 광고들도 다양하게 발전하여 음악과 동시에 방영된다. 어서어서 과학의 나라가 되어서 새로운 전자(電子) 제품을 수출하는 첨단을 걷는 나라가 되어야 하겠다.

5. 앞으로의 시대

"인간은 가도 역사는 멈추지 않는다." 우리는 역사(시간)를 아끼고 앞으로 달리자! 요즘 한 말로 '조상의 얼'이라는 말을 많이 쓴다. 그러나 '얼'에 대한 자세가 틀렸다. "하늘 천 따 지!" 해야 조상의 '얼'을 찾고 있는 것인 줄 아는데 이는 크게 잘못된 자세이다. 겨레여! 선인의 불행했던 자취를 밟아서는 안 될 것이며, 역사(歷史)를 올바로 판단하지 않는데서 착오를 일으켜 뒷걸음질치고 있다. 우리는 앞으로, 앞으로 달음질하고 또 해야 한다.

제1절 선의 과학화

1. 선의 단선화

이집트의 낱말 그림글자의 선(線)이 단선화(單線化)되면서 시능글자가 되었고 짧고 간결한 선으로 발달하였다. "선은 선인데 어떻게 생긴 선이어야 하는가?" 하는 선의 개혁 작업은 그리스의 글자 학자들이 하였다고 보아야 한다. 그리스는 일찍이 민주주의가 발생한 나라요, 남아시아와 유럽의 문화에 크게 공헌한 나라이다.

글자는 선이 얼기설기 많아야 하는 것이 아니다. '예쁜 단선' 이어야 한다. 선은 시각과 밀접한 관계를 가지고 있으므로 단번에 그을 수 있어야 하고 매력적이어야 한다. 그리스 글자는 큰 글자와 작은 글자를 만들어 그 때 벌써 글자생활이 과학화되었다고 본다.

2. 선의 곡선화

로마의 라틴족(族)이 그리스 글자를 도입하여 글자의 선을 매끈하게 다듬질하고 미학적(美學的)으로 구부리고 선의 공간을 균형 있게 메우며 곡선화(曲線化)하였다. 이리하여 라틴족이 알파벳 완성의 공헌자였다.

한자(漢字)는 선을 마구 뭉쳐 놓았을 뿐만 아니라 직선(直線)과 각선(角線)이 많으며 글자를 쓰자면 수없이 띄었다 이었다 하여 신속한 질서를 갖지 못한 글자이다. 펜 끝이 지면을 지체 없이 달리는 곡선화한 글자의 질서는 마치 바퀴와 같은 원리이다. 바퀴는 둥글고 지면(地面)에 항상 밀착되어 있어 돌기 때문에 빠르게 구를 수 있다. 그러나 바퀴가 네모의 바퀴라면 그 회전(回轉)이 얼마나 둔하고 불가능할 것인가?! 글자의 생활도 마찬가지 원리이다.

3. 선의 착시적 원리

책을 읽을 때 같은 홋수의 활자라도 병서한 글자는 더 크게 보이고 눈이 편하다. 이는 착시적 원리에 의한 것이니 수직선보다 수평선이 굵게 보이는 것도 이 때문이다. 우리가 정사각형을 좀 멀리서 바라보면 수직은 좁게 보이고 수평은 넓게 보이는 것은 정상착시(正常錯視)에 의한 원리에서이다.

또한 생리(生理)적으로도 글줄은 병서(竝書)하도록 생겨 있다. 두 눈이 가로로 박혔을 뿐만이 아니라 눈이 가로로 찢어져 있고 또 눈알이 가로로 구르게 생겨 있으며 눈알의 좌우 힘줄이 굵고 두 줄로 붙어 있어서 가로로 움직이도록 생겨 있다. 눈알의 아래 힘줄은 연하고 약하며 한 줄밖에 없어서 생리적으로도 아래위로는 덜 움직이게 되어서 조물주(造物主)의 창조라고 볼 때 당연히 병서되어야 한다고 본다. 지금은 나라마다 얼마나 많은 책들이 쏟아져 나오고 있는가!! 우리는 모름지기 글자 생활에 있어서 과학을 외면하여서는 후진성을 면하지 못할 것이다.

4. 결단말의 문제점

우리말은 결단말(附着語)이라고 한다. 낱말들이 짧기도 하고 길기도 하다. 말본(語法)에서 볼 때 이름씨에 토씨가 붙고 줄기에 끝소리가 붙어 하나의 낱말이 형성되었다.

한글을 창제할 당시 그 조직과 형태를 한자(漢字)만 모방하지 말고 알파벳도 모방하여 글자의 원리(原理)를 넓게 연구하시 못한 것이 못내 아쉽다. 그러나 글자 학자들에 의해 혁신되리라고 본다.

동창(東窓)이 밝았느냐 노고지리 우지진다.
① ② ③ ④ ⑤

소치는 아이는 상기 아니 일었느냐
　⑥　　　⑦　⑧　⑨　　⑩　　　⑪

재 너머 사래 긴 밭을 언제 갈려니 하느니
⑫ ⑬　⑭　　⑮⑯⑰ ⑱　　⑲　　　⑳

　위의 시조시(時調詩)는 숙종(肅宗) 때 남구만(南九萬)이 지은 권농가
(勸農歌)이다. ①, ④, ⑦, ⑫, ⑬, ⑭, ⑯은 이름씨인데 ②, ⑧, ⑰은 이름
씨에 붙어 있는 토씨이다. 이렇게 붙어 있는 토씨를 이름씨에서 분리
(分離)하는 것이 당연한 원칙이다. 그것은 독립된 품사(品詞)이기 때문
이다. ③, ⑮는 그림씨이다. ⑤, ⑥, ⑪, ⑳은 움직씨이다. ⑨, ⑩, ⑱, ⑲
는 어찌씨이다. 우리는 예부터 이름씨에 토씨를 붙이는 것이 하나의
인습(因習)처럼 되어 왔으나 한글을 풀어서 단계방식으로 낱말을 철자
할 때는 토씨를 띄어서 적는 것이 읽기에 편리하다. 오늘날의 과학은
지구촌(地球村)이라는 새로운 말을 만들었고 고속화(高速化) 시대를
가져 왔다. 옛날처럼 한글(나랏글)을 대(待)할 시대가 아니다. 언문(諺
文)이라고 부르던 시대는 다시 오지 않을 것이다. 우리말은 저 프랑스
의 말과 같이 그림씨(形容詞)가 아름답게 발달하였다. 이 아름다운 우
리말을 짐짓 잊으려는 것은 반성해야 하고 일본인이 강압적으로 만들
어 준 한자어(漢字語)를 고집해야 하는가?! 그 딱딱한 말을! 차츰 버려
야 한다. 풀이말(說明語)의 줄기(語幹)와 끝소리(語尾)를 분리하는 것
은 원칙으로 하되 간단한 풀이말은 붙여서 적는다. 예를 들면,

줄기		끝소리
가		다
오		다
먹	+	다
놀		다
살		다

　위의 예들과 같은 말들은 줄기와 끝소리를 분리(分離)하지 않는 것을 원칙으로 한다. 그러나 한글이 이어쓰기로 발달하는 날에는 분리하는 것을 원칙으로 한다. 예를 들면,

줄기		끝소리
단선화		되면서
마찬가지		이다
귀신	+	이라고도
단선화		하려는
소리글자		이면서
하기		때문이다

　위와 같이 이름씨가 줄기로 몸바꿈한 줄기는 원칙적으로 분리한다. 그렇지 않고는 낱말이 너무 길기 때문이다. 앞으로는 학자들에 의해

낱말이 간단하게 발전하고 아름다워지리라고 본다.

5. 병서와 활자

글자생활에 있어서 어느 활판소(活版所)나 문선실(文選室)에는 너무 엄청난 활자들로 꽉 차 있다. 그러나 한글이 병서로 되면 기본글자 24글자의 각 서체마다의 초호(初号)서부터 10종류의 활자를 대량으로 주조하여 놓고 문선하면 활자의 배치 면적이 적어 동분서주하지 않고도 활판소 경영에 크게 도움이 될 것이다. 이제 우리는 육계방식에 의한 철음철자를 고집하지 말고 단계방식을 도입하여 낱말을 병서로 철음하면, 한글의 인쇄문화에 크게 공헌할 것이며, 글자 학자들이 아름답고 과학적인 서체를 연구 제작하여 지구촌에 우수한 글자로 보급될 날이 쉬이 올 것이다.

6. 잃어버린 옛말들

어느 나라든 말의 변천이 있다. 우리 옛말에도 변천이 있었다. '인애' 가 '아지랑이' 로, '고고리' 가 '젖꼭지' 로, '가시' 가 '아내' 로, '뮈' 가 '바다' 로, '노외야' 가 '다시' 로 변하였다. 그런데 옛말을 모두 수용할 것이 아니고 받아 이을 수 있는 데까지 다듬어서 수용하고, 아무리 처음 듣는 말이라도 자주 쓰면 친숙해진다.

인애	아지랑이	쉬	곡식(禾)
드르	평(坪)	격이	접대(接待)
멩엇	지경(地境)	과그리	너무
뮈위	포도	애와티	한(恨)
애	창자	아음	친척
거웆	수염	섰	직분(職分)
고마	첩(妾)	다삼	거짓것
누리	세상	그위실	구실(官)
버덩	바탕	틀	들
유무	소식, 편지	조이	과부
새배	새벽	사오리	걸상
아츤아들	조카(姪)	보로기	포대기
하옷	훗	아기	오직, 다만
글진이	싯(時)군	안자기	가장
고고리	젖꼭지	이사	정작
찰	근원(根源)	몬	물건(物)
잣	성(城)	길잡이	인도(引導)
샤옹	남편	가국	급(急)
달마기	단추	시	동(東)
한	서(西)	모로매	노름직이(必)
마	남(南)	뮈	움직임(動)
노	북(北)	바랄	바다
온	백(百)	여름	열매

즈믄	천(千)	늦	상서로움(祥)
골	만(萬)	가름	강(江)
잘	억(億)	가시	아내
물	조(兆)	얼우	가히(可)
글왈	글월(文)	사람서리	인간(人間)
갋이	나란히	주비	떼(部)
즘계	나무	곡되	꼭두각시
재여리	쥔아비	맛드	찬성함
전차	까닭	깃	기둥
드틀	티끌	노외야	다시
산재	오히려	야배고마	서모(庶母)
젖븜	두려움	접음	용서함
잘카냥	교만함	고마하	존중(尊)
굿	언잖음	조널이	감히
가즐비	비유	봄뇌	뽐내다
간이	죽은이(故人)	짓	집
뉘	평생(世)		
끼니	때(食)		

제2절 문화 죄를 범한 일제

1. 한문교육 시대

말이 있으나 글자가 없어 중국의 글자를 도입할 때 그 글자에 담긴 모든 문화와 철학이 동시에 도입되었다. 이때부터 우리 민족의 말이 이지러지기 시작했다는 것을 잊어서는 안 된다. 조선조 시대에는 우리 나라의 고을(郡)마다 향교(鄕校)를 세우고 마을에는 글방(書堂)이 있어 한문(漢文) 공부가 유일한 교육이었다. 한문책 속에는 중국 사람의 윤리와 도덕이 담겨 있어 중국 사람의 위대함만 알고 우리 조상의 위대함을 모르고 살았으니 반성해야 한다. 그 시대는 '체육'이란 말조차 없었고, 하루 종일 한문책 한 권을 놓고 허리를 구부리고 읽고, 붓으로 한자(漢字)를 쓰는 공부가 고작이었다. 그러니 등이 구부러지지 않을 수 없었다. 이렇게 한문(漢文)을 10년, 20년 배워도 편지 한 장을 못 쓰는 불편한 교육이었다.

2. 일제가 범한 문화 죄

일제(日帝)가 한국을 침략하고 나서 신(新)교육은 늦추어 가면서 서구식 학교 설립을 좀처럼 인가(認可)하지 않았다. 1912년 3월 한국의 부동산(논, 밭, 산, 집터)에 대해 등기령(登記令) 및 증명령(證明令)을 공포하고 전국적으로 부동산 측량(測量)을 실시함과 동시에 고을과 마을 이름을 교묘하게 한자(漢字)로 바꾸어 놓았다. 그들 일본인은 말하기를 한국도 한자(漢字) 문화권 안에 있으므로 행정상으로나 일본문화를 심는데 다행한 일이라고 하였다(오노(大野) 켕이찌 저(著)『조선교육 문제 관견(管見)』과 이와세(岩瀨) 켄사부로 저(著)『조선병합(413) 10년사(史)』참조).

일제(日帝)는 한국의 각 도(道)마다 행정적 술어를 군(郡), 면(面), 리(里)로 하고 우리말로 부르던 마을 이름을 한자(漢字)로 바꾸어 놓았다. 광복 후 미(美) 군정 때 남한의 각 고을의 순 우리말로 된 지명(地名)을 다시 수집해 놓은 것을 한글학회에서 우리말 사전을 편찬할 때 사용한 적이 있었다. 그러나 말과 글자의 생활이 그 때나 이 때나 다름이 없다. 한자(漢字)말을 즐겼으며 일제(日帝)가 모든 공문서(公文書)를 한자로 적는 것을 답습(踏襲)하여 내려 왔다.

글자가 없던 시대에는 한자(漢字)를 쓸 수밖에 없었다고 하겠으나, 1443년 훈민정음(한글)이 창제되고 1446년에 반포되었는데, 지금으로 543년 전의 한글(正音)이 아직도 우리한테서 외면(外面) 당하고 있으니 슬프고 너무나 부끄러운 일이다. 우리말을 한자로 바꾼 말을 예로 들면 다음과 같다.

우리말을 한자로 바꾼 말	
두뭇개	옥수동(玉水洞)
두물머리	양수리(兩水里)
예내	고천리(古川里)
졸내	송천리(松川里)
구리개	현재는 을지로(乙支路)이다 (일제 때는 황금정(黃金町)이었다)

　위와 같이 '두뭇' 이나 '두물' 은 두 줄기 시냇물의 뜻이 있으며, '개'는 '갯가' 의 '개' 이고, '머리' 는 두 물줄기가 합쳐져서 하나로 흐르는 곳을 뜻한다. 일제(日帝)는 우리말을 한자(漢字)로 바꾸어 놓아 우리말과는 전혀 다른 말을 만들어 놓았다. 이 같은 한자말(漢字語)은 우리 입에서 굳어만 가고, 중국말도 아니요 우리말도 아닌 기형어(畸形語)를 만들어 놓았다. 아주 기괴한 말을 만들어 놓아 한국의 언어문화(言語文化)를 짓밟아 버린 문화죄(文化罪)를 범한 일제였다. 여기에 또 나라 없는 슬픔까지 당해야 했다.

3. 한국인이 반성할 때

　일제(日帝)가 2차대전 때 대동아(大同亞) 공영권(共榮圈)이라는 허울 좋은 말로 한국인과 만주인을 전쟁터로 몰아넣은 것처럼, 우리는 한자(漢字) 문화권이라는 부끄러운 말로서 옛 조상들이 가지고 살던 말을 짐짓 잊으려 하고 있어 엄청난 불효와 불충을 범하고 있다. 예를 들면,

우리말을 한자로 바꾼 말	
기쁨이 넘치는	화기애애(和氣靄靄)한
한껏, 흠뻑, 잔뜩	만끽(滿喫)
타고 내릴 때	승하차시(乘下車時)
쇠귀에 경 읽기	우이독경(牛耳讀經)
풀꽃	초화(草花)
들꽃	야화(野花)
산꽃	산화(山花)
언제고	하시(何時)라도
반드시	필(必)히
앞지름	추월(追越)
다른 이	타인(他人)

위와 같이 우리말이 똑똑히 살아있는 데도 불구하고 사전(辭典)을 펴 보면 한자(漢字)로 바꾸어 놓은 기형어(畸形語)가 거의 대부분이다. 그렇게 된 이유가 많겠지만 일제(日帝) 40년 동안의 영향이 너무나 컸다. 우리는 조상이 가지고 살던 우리말을 찾고 찾아서 발전시켜야 한다.

4. 한솔의 나란히 쓰기

한솔이 스무 살 때였다. 독립투사(무궁화 묘포 경영) 한서(翰西) 남궁억(南宮檍) 선생의 제자 김춘강(金春岡)이 여름 밀짚모자에 한글을 풀어서 이름을 쓴 것을 보고서 '알파벳식(式)으로 우리 한글을 적으면 얼마나 편리할까!' 문득 깨닫고 한글 나란이 쓰기를 연구하기 시작했다. 그 때가 바로 사립(私立) 정신학교 교사로 있을 때였다. 나란히 쓰기 글자로 수첩도 적고 학생들에게 가르쳐 주기도 했다.

광복 후 1948년 춘천(春川)여고 재직 중 학예회(學藝會)가 열렸을 때 '국어 교실' 이라는 이름으로 전시실을 만들어 주시경(周時經)의 얘기와 외솔 최현배(崔鉉培)의 한글 가로쓰기를 소개하고, 한솔의 나란히 쓰기 이론을 술회하였고, 『한글 나란히 쓰기』라는 작은 책을 인쇄 발행한 적이 있었다.

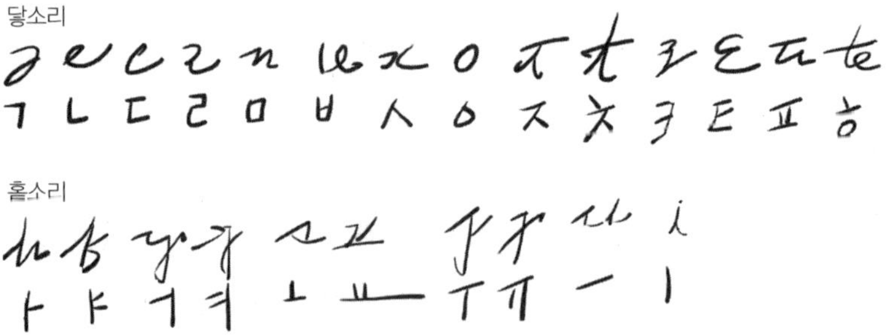

닿소리

홀소리

[붙임] 흘림된 소리는 그 위에 (o)표를 한다.

〈그림28〉 한글 나란히 쓰기

5. 원고지에 글 쓰는 법식

지구촌 어느 곳에서고 원고지의 형태가 일정(一定)하다. 글을 쓰는 법식(法式)도 하나 같이 똑같다. 그러나 시정(是正)해야 할 점이 있다. 그것은 굵은 언저리 선(線)에서의 문제이다. 원고지는 20칸, 10줄로 구성되어 있어, 원고지 한 장 안에 총 200자를 써 넣을 수 있다. 그런데 오른쪽 언저리 굵은 선에서 낱말이 끝났을 때 표식(✔)을 하고서 넘어 가는 오늘날까지의 잘못된 생각을 시정해야 하겠다고 본다. 떼어 쓰라는 표식을 하고 계속할 필요가 있느냐는 말이다. 원고지의 계속되는 200칸은 자연스럽게 계속될 생리(生理)를 가진 빈칸들이다. 다음 '줄'의 첫 '칸'을 띄어 놓고 적으면 자연스러운 것이 된다.

다음은 글자 운영(運用)에 있어서 알파벳처럼 이중(二重)으로 큰 글자와 큰 흘림(草書)이 필요치 않다. 다만 인쇄체와 흘림체만 가지면 된다. 홀로이름씨(사람이름 및 나라이름)가 나올 때는 낱말 밑에 한 줄을 긋고, 땅 이름이 나올 때는 낱말 밑에 고불고불한 줄을 그어서 낱말을 판별(判別)하면 된다. 가뜩이나 신경(神經)을 여러 갈래로 많이 쓰는 현대(現代)에 와서는 옛날의 알파벳 시대와는 다른 방식을 가져야 할 때라고 본다.

6. 한글 타이프라이터

우리나라의 한글 타이프라이터(typewriter)는 1950년 공병우(孔丙祐)가 발명하였고 미국의 언더우드 회사에서 제작하였다. 이 타이프라이터는 자동적으로 한글 글자를 형성해 나아가며 손으로 적는 것보다 10배나 빠르다. 영문(英文) 타이프라이터는 우리나라의 타이프라이터보다 200년 전에 발명 제작되었다. 한글 타이프라이터의 특색은 타자(打字)하는 '초점'이 쌍(雙)으로 되었다는 점이다. 공병우 한글 타자기 보급회에서 발행한 책자에 다음과 같은 내용이 적혀있다.

① 쌍 초점의 발명
공병우 박사는 이것을 해결하기 위하여 자모(字母)를 찍는 초점을 둘을 두게 하는 특수 장치를 발명하였다. 그 결과로서
ㄱ. 찍는 사람이 자모음(字母音)을 순서대로 누르기만 하면 아무 군손질 없이 저절로 한글의 글자가 한자씩 형성뇌고
ㄴ. 동시에 한 글자가 완성되면 자동적으로 종이가 옆으로 움직여서 다시 다른 동작이 없이 다음 글자가 찍히게 되었다.

그러나 한글 타이프라이터로 찍혀 나온 글자는 아직 발명 단계라서 인지 '받침'이 없는 글자는 올챙이 모양이고, 받침이 있는 글자는 보기 에 아름답지 못하다. 현재와 같은 철자 방식으로는 도저히 해결할 수 없다. 곧 '받침' 문제이다. 홀받침이든 겹받침이든 겹홀소리든 육계방 식으로 철음(綴音)하지 않고, 알파벳식으로 나란히 철음하면 영문(英 文)타이프라이터보다 훨씬 빠르고 능률적일 것이다.

〈그림29〉 공병우 타자기

제3편
특용 글자

특용 글자에는 두 종류가 있다. 제1특용(特用) 글자와 제2특용 글자
가 있다. 이목(耳目)이 온전한 사람이 쓰는 속기(速記)글자, 전신(電信)
글자, 신호(信號)글자는 제1특용 글자이며, 이목이 어두운 사람이 쓰는
손 시늉(手形) 글자, 볼록(凸) 글자는 제2특용 글자이다.

1. 속기 글자

속기글자는 한글이나 알파벳과 같이 기본글자와 기본소리로 철자한
글자가 아니다. 선으로 만든 글자이기는 하나 구절어(句節語)를 짧은
선에 기억과 동시에 말을 속기한 기자(記者)들의 기억을 도와주는 글
자이다. 너무 오랜 후에는 옮겨 적을 수 없는 글자로서 기억에 의존하
지 않고는 불완전한 글자이므로 대중 글자가 될 수 없다.

2. 전신 글자

전신 글자는 전신용으로만 쓰는 글자이다. 또 점선(点線) 글자라고
도 한다. 점선에 약속된 말소리와 뜻이 있어서 다시 한글로 옮겨 적어

야 하는 글자이다. 그러므로 대중글자가 될 수 없는 글자이다.

```
•  ━ ━ ━  •  ━ ━  •  •  •  •  •  ━  •  •  •
━                    (한글)
━ ━ •  ━  •  ━  •  •  ━     •  ━  •
•   •   •  •  •   •  ━    (세계)
•  ━ ━ ━ ━  •  ━  •  •  •  •  •  ━  •  •  •  ━
━━━ ━ •  •  •  •      (1446)
```

〈그림30〉 전신부호 글자

3. 신호 글자

신호글자는 깃발이나 또는 팔로 동작(動作)을 하여 그 형태를 상대 방에게 보여서 말을 전달하는 글자이다. 흔히 해군이나 측후소나 상 선(商船)에서 많이 쓰고, 육군에서도 쓰는 글자이다. 그런데 동작의 형 태에 따리 구절어가 약속되어 있는 글자이며, 극히 적은 단어를 가셨 다. 그러므로 대중글자가 될 수 없다. 또는 선으로 된 글자가 아니요, 신체적 동작에 의한 글자이므로 글자라기보다는 표식법에 가까운 글 자이다.

제2절 제2특용 글자

1. 혀시늉 글자

혀시늉 글자는 시화법(視話法) 글자라고도 한다. 북아메리카의 벨(Melvill Bell)이라는 사람이 창안한 글자이다. 이 글자는 발음 기관의 혀를 중심으로 하여 위에서 아래로 직선을 언제나 잊지 않고 혀의 앞뒤와 입천장과 입술과의 관계를 고려하여 만든 글자이다. 그러나 불편하고 결함이 적지 않아 나중에는 로마글자로 바꾸고 말았던 것이다. 그런데 혀시늉 글자는 말 못하는 사람을 위해 창안되었으나 불빛이 없어 어두운 데서는 혀시늉을 볼 수 없으며 종이에 기록할 수도 없는 것이 결함이다.

2. 손시늉 글자

손시늉 글자는 말 못하는 사람을 위해 만든 글자이다. 손을 중심으로 손가락을 주시하는 글자이다. 손시늉 글자는 혀시늉 글자보다 훨씬 진보된 글자이기는 하나 불빛이 없어 어두운 곳에서는 손시늉을 볼 수 없으며 종이에 기록할 수도 없는 것이 결함이다.

3. 매듭 글자

매듭글자는 스페인 사람이 아메리카를 발견하기 이전에 페루(Peru) 사람이 일찍이 사용하였다. 동물의 밸(腸)로 끈을 만들어 마치 앞에서 말한 결승법과도 같이 매듭(瘤)을 지어서 글자로 나타낸 것이다. 스페인이 페루를 정복한 이후 매듭글자는 유럽에 전해졌으며 이는 17세기의 일이다. 이 매듭글자는 영국에서 앞을 못 보는 사람을 교육하는데 사용함으로서 이때부터 앞 못 보는 사람을 위한 글자가 되었다. 영국의 막베이스(David Macbeath)라는 사람은 그의 친구 밀른(Robert Milne)과 같이 에덴바라 양육원에서 앞 못 보는 아동들을 위해 매듭 글자를 사용하였다. 매듭 글자는 알파벳을 일곱 조각으로 나누어 한 조각을 네 글자로 하였으며 맨 끝 조각은 두 글자로 하였다. 이 글자는 손으로 만져서 감촉으로 읽어 나아가는 글자이다. 매듭 글자는 긴 끈으로 되어서 감개(筐)에 감긴 것을 읽는 대로 풀며 감긴 것을 다시 풀어서 또 감아 두어야 하는 불편과 결함이 있다. 그러므로 대중글자가 될 수 없는 글자이다.

(1) 알파벳 매듭

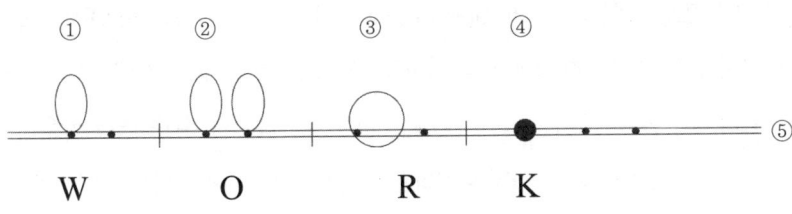

〈그림31〉 매듭글자 보기

위의 그림은 '일하다' 라는 'Work' 인데 ①은 여섯째 조각에 있는 'W' 글자요, ②는 넷째 조각에 있는 'o' 글자요, ③은 다섯째 조각에 있는 'r' 글자요, ④는 셋째 조각에 있는 'k' 글자이다. ⑤는 기본이 되는 줄(끈)이다. 이 매듭글자는 그 시대에 훌륭한 글자로서 앞 못 보는 사람들에게 실용되었다. 마가복음서, 찬송가, 성서의 문장(단편), 역사 등을 기록해 놓았다. 앞 못 보는 사람을 위한 교육사상 잊을 수 없는 하나의 글자의 자취를 남겼다.

4. 볼록 글자

볼록 글자는 앞에서 말한 매듭 글자의 발달이라고 할 만큼 유사한 점이 많은 글자이다. 종이 위에 둥근 점(點)같이 볼록 솟은 것이 매듭글자의 매듭과 같고, 또 손의 감촉을 통해 글자를 읽는다는 점이 같다. 이제 볼록 글자가 발명되면서 앞 못 보는 이들의 마음에 광명을 주었다. 1784년 프랑스의 하유이(Valentin Hauy)라는 사람이 볼록(凸) 글자를 발명하였다. 그는 파리에 맹아학교를 설립하고 교재를 인쇄하여 교육하였다. 이 볼록 글자는 로마글자를 기초로 만든 글자이다. 두꺼운 종이에 인쇄하기까지에는 많은 실패를 거듭했었다. 하유이는 앞 못 보는 사람들 세계에서 은인이다. 볼록 글자는 기계화되어 그들의 문화생활에 훌륭한 이기(利器)가 되었다. 그 후에도 그레인(Johann Willheln Klein)이라는 독일 사람이 바늘(針) 글자를 창안했으며, 바루비에(Nicolas Marie Cnares Barbier)라는 사람이 볼록 글자를 연구하므로 많은 사람들에 의해 개량되고 발전되었다. 바루비에는 이 글자를 '밤의 글자'라고 이름하였다.

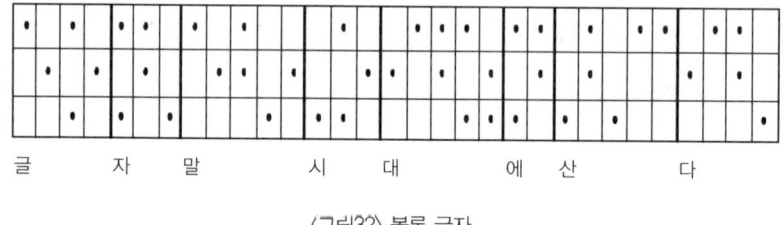

글   자   말   시   대   에 산   다

〈그림32〉 볼록 글자

위의 그림은 볼록 글자의 점의 위치를 정확하게 보여 주려고 삼계(三階) 육간(六間)을 선으로 표시해 보인 것이다. 그런데 삼계 육간의 기

본규격이 삼계 일간에서 육간까지로 된 것은 손끝 바닥 넓이의 한도 (限度)를 의식했으며 손끝으로 가로(옆으로) 짚어 나아가는 것을 의식 했기 때문이다.

5. 특용 글자의 결함

앞에서도 말했거니와 혀시늉 글자나 손시늉 글자나 매듭 글자나 볼록 글자는 선(線)으로 된 글자와는 달리 특수한 대상을 가진 글자이며 대중글자가 될 수 없다. 사상과 감정을 표현하는데 무한하게 나타낼 수 없고 제한을 받는 글자이다. 볼록 글자는 종이로 인쇄해서 제책할 수 있는 글자이지만 매듭 글자의 감개는 책만은 못하며 혀시늉 글자나 손시늉 글자는 인쇄 제책한다는 일이 용이한 일이 아니다.

참고문헌

崔世珍 『訓蒙字會』

洪啓禧 『三韻聲彙』

集賢殿 『訓民正音 世宗大王』

주시경 『조선어 문전음학』

주시경 『조선어 문법』

주시경 『말의 소리』

김윤경 『조선문자 및 어학사』

최현배 『우리말본』

최현배 『글자의 혁명』

최현배 『한글의 바른길』

최현배 『한글갈』

김두봉 『조선말본』

신태화 『조선어 문법』

保科孝一 『言語學』

小林智賁平 譯 『現代 言語學』

江實 『言語 地理學』

小林淳男 『言語文化 体系』

新村出 『言語學 槪論』

조윤제 『국문학 개설』

유열 『풀이한 훈민정음』

문세영 『조선어 사전』

保科孝一 譯 『言語 發達論 及 附錄』

今泉浦治郎 『言語の 本質 及 機能』

泉井之助 『言語の 構造』

金原省吾 『言語の 成立』

田辺壽利 『言語 社會學』

神保格 『言語 心理學』

이상춘 『조선어 문법』

권덕규 『조선어 문법 경위』

이규방 『조선어 문법』

김희상 『조선어전』

교재교구사 『빛을 남긴 얼굴들』

市河三喜 神保格英 共譯 『言語 その 本質發達 及 起源』

乾輝雄 『言語と 文化』

言語研所 『世界の 言葉 河た 學ふべきか 慶應義 塾 大學』

石黑曹平 『言語史 講話』

カテモジカイ 『文字文化 展覽會』

大何原欽吾 『點字 發達史』

『人間の 進化こ 言語の 進化』

韓國史 진단학회 편 『乙西文化社 發行』

大野 겡이찌 著 『朝鮮敎育 問題 管見』

岩瀨 켄사부로 著 『朝鮮倂合 10年史』

본적 서울특별시 종로구 사직동 235-1
주소 서울특별시 영등포구 노량진동 229-11

성명 김세한 1914년 1월 30일 생

〈학력〉

1934년 3월   춘천공립농업학교 졸업하다
1942년 2월   평양성화신학교 졸업하다
1947년 8월   강원지구하기대학 소정 126시간 전과목을 수료하다
1950년 4월   중등교사자격증을 득하다
1953년 8월   중고등학교 교원재교육 강습회 40시간 교육학을 이수
              하다
1954년 8월   갑종강습 1급 정교사 160시간을 이수하다.
1963년 12월   특수강습 1급 정교사 240시간을 이수하다.

1965년 7월   중학교교도교사강습 240시간을 이수하다.

 광복 후 춘천문화동지회 남궁태는 한서중학교 교장으로 가라는 것
을 안 갔고, 공주 영명상업학교 교장 겸 공주 제1교회담임을 겸해 달라
고 김봉조 씨가 강력하게 권하는 것을 싫다고 서울의 동덕중고등학교
에 왔더니 트럭까지 올려 보냈으나 안 내려갔고 수원의 매향여자상업
고등학교 이사회에서 교장으로 부임하라는 것을 사직서를 동봉하여
보내고 부임 안 했었다.
 그 때 돈을 싸들고 다니며 교장운동을 하는 이들도 있으나 나는 교장
이 싫고 내 나름으로 발명연구하는 일이 있었다.

1944년 4월   일제시 황도기독교 춘천지방 인제읍교회 담임자로
          봉직하다.
1945년 8월 2일   일제시 신사참배불참으로 구속되어 8 · 15 광복 3
          일 만에 석방되었다.

〈일반사회경력〉

1934년 4월 20일   상해임시정부 군관학교에 가려고 중국인상선을
             교섭해서 가려다가 (민윤식과 같이) 인천경찰서
             에 구속되다
1945년 10월   춘천문화동지회를 조직하고 한글강습소를 설치
             하고 강사로 취임하다.

〈발명경력〉

1943년 7월   신발명품 고제격자장기 제조기 일본특허 제5606
             호를 득하다.
1948년 9월   강원일보사주최로 신발명품수상 스켈(물날개) 활
             수식을 소양강에서 거행하다.
1949년 7월   충청남도주최 과학전시회 당시 수싱 스켈(물날개)
             문교부장관상을 득하다.
1988년 10월 5일   조립식 수상스케이트 실용신안출원

180

〈저서〉

1946년 9월	한글 이어쓰기(84면)를 저술하다.
1955년 6월	배재사(450면) 편저하다.
1956년 5월	이화여고 70년사(700면)를 편저하다.
1958년 11월	배화 60년사(600면) 편저하다.
1960년 2월	한서 남궁억 선생의 생애(366면) 전기 편저하다.
1960월 5월	동덕 50년사(614면) 편저하다.
1963년 7월	영화 70년사(300면) 편저하다.
1964년 6월	호수돈 60년사(420면) 편저하다.
1965년 6월	배재 80년사(860면) 편저하다.
1966년 4월	중동 60년사(420면) 편저하다.
1966년 9월	대한감리회 여선교회 60년사(255면) 편저하다.
1968년 9월	삼일학원 65년사(273면) 편저하다.
1966년 4월	중동 80년사(642면) 편저하다.
1966년 10월	배화 70년사(757면) 편저하다.
1972년 10월	대한감리회 종교교회 70년사(147면) 편저하다.
1972년 10월	시집(물따라 구름따라)(70면) 저술하다.
1974년 9월	주시경전 편저하다.
1978년 1월	배화 80년사(453면) 편저하다.

1980년 10월	대성 30년사(487면) 편저하다.
1982년 12월	매향 80년사(175면) 편저하다.
1983년 5월	삼일학원 80년사(175면) 편저하다.
1987년 3월	대한감리회 매산교회 35년사(188면) 편저하다.
1989년 2월	송도학원 80년사(615면) 편저하다.

상기와 같이 상위 없음.

〈교육경력〉

자 1935년 5월	사립 정신학교 교사로 봉직하다.
지 1938년 8월	
자 1942년 4월	사립 광명학교 교장으로 봉직하다.
지 1944년 4월	
자 1946년 2월	춘천 고등여학교 교사로 봉직하나.
지 1949년 2월	
자 1949년 2월	공주 공립 농업중학교 교사로 봉직하다.
지 1949년 9월	

자 1949년 9월   동덕 여자중학교 교사로 봉직하다.

지 1951년 1월

자 1951년 9월   在 부산 강원 종합 중고등학교 교사로 봉직하다.

지 1952년 4월

자 1952년 4월   在 부산 중앙 여자 중고등학교 교사로 봉직하다.

지 1953년 5월

자 1953년 5월   배재 중고등학교 교사로 봉직하다.

지 1955년 6월

자 1955년 7월   이화 여자 중고등학교 교사로 봉직하다.

지 1957년 4월

자 1957년 4월   배화 여자 중고등학교 교사로 봉직하다.

지 1958년 11월

자 1961년 10월   배명 중고등학교 교사로 봉직하다.

지 1965년 7월

1937년 12월 28일   황국신민경사사건으로 화천경찰서에 구속되
                       어 익년 3월 27일 석방되다.